U0527938

国家出版基金项目
NATIONAL PUBLICATION FOUNDATION

上海高校服务国家重大战略出版工程

秦汉六朝字形谱

附录卷

臧克和 郭瑞 主编

华东师范大学出版社

附錄一：合文

【八十】

張·戶律 315
〇左更八十八宅

張·徭律 412
〇日行八十里

張·戶律 314
〇上造八十四宅

【八千】

漢印文字徵
〇日利八千万

【五十】

張·傅律 357

【小大】

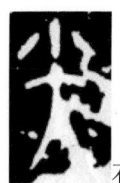

石鼓·而師
〇小大具囗

【六十】

張·史律 486

【小子】

春早·秦公鐘
〇余小子

西晚·不其簋
〇女（汝）小子

春晚·秦公簋
〇雖小子穆穆

秦駰玉版
〇曾孫小子

【公子】

秦代印風
〇公子

【大夫】

戰中·商鞅量

附錄一：合文

○卿大夫

秦代印風

○大夫奕私印

秦代印風

○鄭大夫

漢代官印選

○太中大夫給事中

漢代官印選

○御史大夫

瑯琊刻石

○大夫楊□

【上帝】

秦公大墓石磬

【大富】

廿世紀璽印三-SY

○大富

【祭豆】

廿世紀璽印二-GP

○祭豆

【觜觿】

關・日書 150

○觜觿

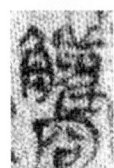

馬壹 266_9 欄

○觜觿

馬壹 251_13 下

○觜觿

馬壹 248_1-14 欄

○觜觿

馬壹 212_57

○晉國觜觿

6874

馬貳7_8中

○觜觿巳

【營室】

 馬壹181_120上

○填星在營室

 馬壹179_89上

○白合營室

 馬壹177_76上

○營室晨出東方

附錄二：部首索引

*按《說文》部首筆畫順序。

一畫

一部 1
丨部 174
丶部 2295
く部 5294
乚部 5399
丿部 5758
亅部 5823
乙部 6688

二畫

上部 17
八部 426
凵部 607
又部 920
丩部 1028
十部 1031
又部 1376
𠂇部 1425
几部 1491
卜部 1588
刀部 1972
乃部 2175
丂部 2183
厶部 2288
入部 2379
冂部 2427
弓部 3201
冖部 3565
人部 3639
匕部 3843
匕部 3848
儿部 4061
勹部 4283
厶部 4308
厂部 4418
巜部 5294

厂部 5761
八部 5762
乚部 5825
匚部 5841
匸部 5849
二部 6149
力部 6319
几部 6455
七部 6658
九部 6660
丁部 6701
了部 6786

三畫

三部 98
士部 168
屮部 184
小部 417
口部 497
彳部 859
干部 1015
寸部 1492
幺部 1824
刃部 2032
开部 2130
工部 2145
亏部 2199
亼部 2359
夂部 2478
夊部 2515
久部 2516
才部 2744
毛部 2793
囗部 2811
夕部 3181
宀部 3376
冃部 3569
巾部 3597
尸部 4014

彡部 4214
卩部 4247
山部 4318
广部 4363
丸部 4430
彑部 4492
大部 4758
亣部 4827
川部 5295
𠦄部 5396
女部 5651
亡部 5829
弓部 5871
土部 6159
勺部 6454
己部 6721
子部 6753
厽部 6788
巳部 6811

四畫

王部 102
气部 166
牛部 465
止部 654
卅部 1052
収部 1270
䢅部 1300
爪部 1362
𠬶部 1371
支部 1441
殳部 1473
攴部 1520
爻部 1607
艹部 1746
予部 1842
丰部 2037
曰部 2163
兮部 2194

丹部 2302
井部 2311
木部 2527
之部 2749
帀部 2762
日部 3047
月部 3149
冊部 3198
片部 3219
凶部 3364
木部 3367
冏部 3572
帀部 3624
从部 3855
比部 3864
壬部 3886
毛部 4009
尺部 4031
方部 4055
旡部 4081
欠部 4114
旡部 4149
丏部 4202
文部 4222
勿部 4474
丮部 4479
犬部 4604
火部 4667
矢部 4784
夭部 4790
尢部 4801
亢部 4819
夲部 4821
夫部 4830
心部 4857
水部 5039
仌部 5323
不部 5403
戶部 5433

手部 5520	矢部 2394	此部 686	由部 4304
毋部 5748	出部 2768	行部 939	屮部 4361
氏部 5766	生部 2784	舌部 1014	危部 4431
戈部 5774	禾部 2801	辛部 1253	而部 4480
瓦部 5863	旦部 3111	共部 1304	亦部 4781
斤部 6465	禾部 3234	聿部 1446	交部 4798
斗部 6488	瓜部 3373	臣部 1464	囟部 4851
五部 6649	穴部 3491	自部 1662	辰部 5318
六部 6654	广部 3525	羽部 1690	至部 5411
内部 6665	白部 3627	羊部 1748	西部 5422
巴部 6724	北部 3867	丝部 1828	耳部 5493
壬部 6744	丘部 3874	叜部 1848	曲部 5859
丑部 6794	兄部 4076	死部 1876	弜部 5906
午部 6821	司部 4239	肉部 1892	糸部 5925
	卮部 4246	刏部 2036	虫部 6086
五畫	印部 4261	耒部 2037	劦部 6370
示部 36	卯部 4275	竹部 2063	开部 6454
玉部 118	包部 4290	旨部 2216	自部 6559
半部 462	户部 4361	虍部 2245	厽部 6642
癶部 673	石部 4433	血部 2292	孨部 6787
正部 689	斉部 4827	缶部 2389	戍部 6864
牙部 967	立部 4837	舛部 2496	亥部 6868
足部 1001	永部 5313	灥部 2747	
冊部 1005	民部 5753	宋部 2774	**七畫**
只部 1018	氐部 5771	臥部 3120	釆部 455
句部 1022	戉部 5810	有部 3167	告部 493
古部 1030	它部 6139	多部 3194	走部 620
史部 1428	田部 6272	束部 3215	步部 676
聿部 1444	且部 6460	米部 3336	辵部 699
皮部 1516	矛部 6502	臼部 3360	延部 933
用部 1597	四部 6642	朮部 3370	足部 970
目部 1613	宁部 6647	网部 3580	合部 1018
白部 1665	甲部 6684	两部 3595	冏部 1018
玄部 1837	丙部 6698	仸部 3880	言部 1061
歺部 1865	戊部 6709	肙部 3918	臼部 1324
冎部 1881	卯部 6801	衣部 3922	華部 1814
左部 2136	未部 6825	老部 3987	叀部 1832
甘部 2158	申部 6829	舟部 4044	奴部 1862
可部 2187		兆部 4085	角部 2040
号部 2197	**六畫**	先部 4086	巫部 2156
皿部 2262	艸部 192	后部 4237	豆部 2238
去部 2288	皿部 607	色部 4274	皀部 2316

附錄二：部首索引

旱部 2449	虎部 2253	食部 2329	冥部 3140
弟部 2512	青部 2305	宦部 2443	柬部 3204
束部 2806	京部 2437	韋部 2500	秝部 3323
貝部 2840	宀部 2459	鹵部 3204	宮部 3479
邑部 2926	來部 2470	香部 3333	髟部 4228
囧部 3179	東部 2731	韭部 3371	馬部 4513
克部 3230	林部 2736	耑部 3371	能部 4661
呂部 3485	彔部 3234	重部 3892	竝部 4848
网部 3576	枾部 3369	頁部 4151	素部 6076
㡿部 3635	帛部 3625	面部 4199	畕部 6305
身部 3912	臥部 3902	首部 4202	
尾部 4033	長部 4458	県部 4206	一一畫
兒部 4082	希部 4489	苟部 4291	異部 1309
禿部 4090	易部 4504	鬼部 4297	教部 1583
見部 4093	兔部 4600	㔾部 4599	習部 1688
次部 4146	犾部 4655	思部 4852	奞部 1739
百部 4199	炎部 4733	泉部 5303	雈部 1744
㲋部 4221	炙部 4751	飛部 5390	鳥部 1772
豕部 4483	幸部 4810	風部 6133	麥部 2475
豸部 4495	秌部 5289	垚部 6256	巢部 2804
囱部 4748	雨部 5333	癸部 6747	㯳部 2805
赤部 4751	非部 5391	酋部 6860	㔾部 3173
谷部 5318	門部 5443		麻部 3369
臣部 5517	甾部 5863	一〇畫	瓠部 3375
我部 5812	弦部 5907	哭部 616	豚部 4494
系部 5910	金部 6375	舁部 1259	馬部 4503
卵部 6148	阜部 6565	鬲部 1354	象部 4506
里部 6260	叕部 6647	鬥部 1374	鹿部 4586
男部 6314	亞部 6648	殺部 1488	莧部 4604
車部 6504	庚部 6726	䀠部 1658	奢部 4818
辛部 6729		烏部 1802	魚部 5359
辰部 6805	九畫	冓部 1821	鹵部 5429
酉部 6835	是部 694	豈部 2236	㚔部 5649
	品部 1002	㘥部 2323	率部 6083
八畫	音部 1238	倉部 2374	堇部 6258
玨部 164	舁部 1315	高部 2420	寅部 6798
隶部 1455	革部 1333	富部 2455	
臤部 1459	眉部 1658	桀部 2519	一二畫
孜部 1609	盾部 1661	巫部 2793	舜部 409
夏部 1613	首部 1747	華部 2794	晶部 1009
隹部 1714	骨部 1886	員部 2837	羑部 1264
放部 1845	克部 2225	軌部 3114	畫部 1452

6879

附錄二：部首索引

皕部 1688	箕部 2121	**二二畫**
筋部 1970	㫃部 3037	鱻部 5380
珡部 2156	齊部 3209	
喜部 2218	覞部 4114	**二四畫**
豊部 2241	能部 4665	麤部 1771
舜部 2498	舛部 6742	
晶部 3143		**二五畫**
黍部 3329	**一五畫**	鹽部 5430
㳄部 3636	犛部 491	
毳部 4014	齒部 957	**二七畫**
須部 4211	稽部 2801	蠹部 5306
嵬部 4310	履部 4041	
廌部 4580	歓部 4144	**三〇畫**
黑部 4734	舋部 6683	爨部 1330
焱部 4749		
壺部 4802	**一六畫**	**三三畫**
壹部 4804	彌部 1358	麤部 4597
惢部 5037	錐部 1767	
雲部 5353	鬳部 2261	
琴部 5823	毇部 3360	
絲部 6081	龍部 5380	
虵部 6125	燕部 5386	
黃部 6308	龜部 6142	
	甾部 6640	
一三畫		
蓐部 408	**一七畫**	
晨部 1326	龠部 1003	
甍部 1519	覃部 2436	
鼓部 2234	橐部 2808	
虜部 2245		
會部 2370	**一八畫**	
嗇部 2467	瞿部 1765	
弓部 2793	雔部 1765	
鼎部 3223	豐部 2242	
裘部 3984	蟲部 6131	
辟部 4279		
鼠部 4657	**一九畫**	
黽部 6144	瀕部 5293	
一四畫	**二〇畫**	
誩部 1228	嚴部 3524	
鼻部 1685		

附錄二：部首索引

*按《說文》部首順序 。

一部	1	品部	1002	隶部	1455	丝部	1828
丄部	17	龠部	1003	臤部	1459	叀部	1832
示部	36	冊部	1005	臣部	1464	玄部	1837
三部	98	哥部	1009	殳部	1473	予部	1842
王部	102	舌部	1014	殺部	1488	放部	1845
玉部	118	干部	1015	几部	1491	妥部	1848
玨部	164	谷部	1018	寸部	1492	奴部	1862
气部	166	只部	1018	皮部	1516	歺部	1865
士部	168	肉部	1018	甍部	1519	死部	1876
丨部	174	句部	1022	支部	1520	冎部	1881
中部	184	丩部	1028	教部	1583	骨部	1886
艸部	192	古部	1030	卜部	1588	肉部	1892
蓐部	408	十部	1031	用部	1597	筋部	1970
茻部	409	卅部	1052	爻部	1607	刀部	1972
小部	417	言部	1061	㸚部	1609	刃部	2032
八部	426	誩部	1228	夏部	1613	刄部	2036
釆部	455	音部	1238	目部	1613	丯部	2037
半部	462	辛部	1253	䀠部	1658	耒部	2037
牛部	465	䇂部	1259	眉部	1658	角部	2040
犛部	491	丵部	1264	盾部	1661	竹部	2063
告部	493	収部	1270	自部	1662	箕部	2121
口部	497	丌部	1300	白部	1665	丌部	2130
凵部	607	共部	1304	鼻部	1685	左部	2136
吅部	607	異部	1309	皕部	1688	工部	2145
哭部	616	舁部	1315	習部	1688	㠭部	2156
走部	620	臼部	1324	羽部	1690	巫部	2156
止部	654	晨部	1326	隹部	1714	甘部	2158
癶部	673	爨部	1330	奞部	1739	曰部	2163
步部	676	革部	1333	萑部	1744	乃部	2175
此部	686	鬲部	1354	丫部	1746	丂部	2183
正部	689	䰜部	1358	首部	1747	可部	2187
是部	694	爪部	1362	羊部	1748	兮部	2194
辵部	699	丮部	1371	羴部	1765	号部	2197
彳部	859	鬥部	1374	瞿部	1765	亏部	2199
廴部	920	又部	1376	雔部	1767	旨部	2216
延部	933	𠂇部	1425	雥部	1771	喜部	2218
行部	939	史部	1428	鳥部	1772	壴部	2225
齒部	957	支部	1441	烏部	1802	鼓部	2234
牙部	967	聿部	1444	華部	1814	豈部	2236
足部	970	聿部	1446	菁部	1821	豆部	2238
疋部	1001	畫部	1452	幺部	1824	豊部	2241

附錄二：部首索引

豐部	2242	東部	2731	片部	3219	比部	3864
虜部	2245	林部	2736	鼎部	3223	北部	3867
虍部	2245	才部	2744	克部	3230	丘部	3874
虎部	2253	众部	2747	彔部	3234	似部	3880
虪部	2261	之部	2749	禾部	3234	壬部	3886
皿部	2262	市部	2762	秝部	3323	重部	3892
凵部	2288	出部	2768	黍部	3329	臥部	3902
去部	2288	宋部	2774	香部	3333	身部	3912
血部	2292	生部	2784	米部	3336	月部	3918
丶部	2295	毛部	2793	毇部	3360	衣部	3922
丹部	2302	巫部	2793	臼部	3360	裘部	3984
青部	2305	琴部	2793	凶部	3364	老部	3987
井部	2311	華部	2794	木部	3367	毛部	4009
皂部	2316	禾部	2801	朮部	3369	毳部	4014
鬯部	2323	稽部	2801	麻部	3369	尸部	4014
食部	2329	巢部	2804	朮部	3370	尺部	4031
亼部	2359	桼部	2805	耑部	3371	尾部	4033
會部	2370	束部	2806	韭部	3371	履部	4041
倉部	2374	橐部	2808	瓜部	3373	舟部	4044
入部	2379	囗部	2811	瓠部	3375	方部	4055
缶部	2389	員部	2837	宀部	3376	儿部	4061
矢部	2394	貝部	2840	宮部	3479	兄部	4076
高部	2420	邑部	2926	呂部	3485	先部	4081
冂部	2427	郒部	3037	穴部	3491	皃部	4082
亭部	2436	日部	3047	瘳部	3524	兂部	4085
京部	2437	旦部	3111	疒部	3525	先部	4086
㐭部	2443	倝部	3114	冂部	3565	禿部	4090
㫃部	2449	㫃部	3120	冃部	3569	見部	4093
畐部	2455	冥部	3140	冃部	3572	覞部	4114
靣部	2459	晶部	3143	网部	3576	欠部	4114
嗇部	2467	月部	3149	网部	3580	歙部	4144
來部	2470	有部	3167	襾部	3595	次部	4146
麥部	2475	朙部	3173	巾部	3597	旡部	4149
夊部	2478	囧部	3179	市部	3624	頁部	4151
舛部	2496	夕部	3181	帛部	3625	百部	4199
舞部	2498	多部	3194	白部	3627	面部	4199
韋部	2500	毌部	3198	㡀部	3635	丏部	4202
弟部	2512	马部	3201	黹部	3636	首部	4202
夂部	2515	東部	3204	人部	3639	㬎部	4206
久部	2516	卤部	3204	七部	3843	須部	4211
桀部	2519	齊部	3209	匕部	3848	彡部	4214
木部	2527	束部	3215	从部	3855	彣部	4221

文部 4222	兔部 4600	蠡部 5306	匚部 5849
髟部 4228	莧部 4604	永部 5313	曲部 5859
后部 4237	犬部 4604	辰部 5318	甾部 5863
司部 4239	狀部 4655	谷部 5318	瓦部 5863
卮部 4246	鼠部 4657	欠部 5323	弓部 5871
卪部 4247	能部 4661	雨部 5333	弜部 5906
印部 4261	熊部 4665	雲部 5353	弦部 5907
色部 4274	火部 4667	魚部 5359	系部 5910
卯部 4275	炎部 4733	鱟部 5380	糸部 5925
辟部 4279	黑部 4734	龍部 5380	素部 6076
勹部 4283	囱部 4748	燕部 5386	絲部 6081
包部 4290	焱部 4749	飛部 5390	率部 6083
苟部 4291	炙部 4751	非部 5391	虫部 6086
鬼部 4297	赤部 4751	卂部 5396	蚰部 6125
甶部 4304	大部 4758	乚部 5399	蟲部 6131
厶部 4308	亦部 4781	不部 5403	風部 6133
嵬部 4310	夨部 4784	至部 5411	它部 6139
山部 4318	夭部 4790	西部 5422	龜部 6142
屾部 4361	交部 4798	鹵部 5429	黽部 6144
屵部 4361	尣部 4801	鹽部 5430	卵部 6148
广部 4363	壺部 4802	戶部 5433	二部 6149
厂部 4418	壹部 4804	門部 5443	土部 6159
丸部 4430	幸部 4810	耳部 5493	垚部 6256
危部 4431	奢部 4818	匝部 5517	堇部 6258
石部 4433	亢部 4819	手部 5520	里部 6260
長部 4458	夲部 4821	傘部 5649	田部 6272
勿部 4474	夰部 4827	女部 5651	畕部 6305
冄部 4479	亣部 4827	毋部 5748	黃部 6308
而部 4480	夫部 4830	民部 5753	男部 6314
豕部 4483	立部 4837	丿部 5758	力部 6319
㣇部 4489	竝部 4848	厂部 5761	劦部 6370
彑部 4492	囟部 4851	乀部 5762	金部 6375
豚部 4494	思部 4852	氏部 5766	开部 6454
豸部 4495	心部 4857	氐部 5771	勺部 6454
舄部 4503	惢部 5037	戈部 5774	几部 6455
易部 4504	水部 5039	戉部 5810	且部 6460
象部 4506	沝部 5289	我部 5812	斤部 6465
馬部 4513	瀕部 5293	亅部 5823	斗部 6488
廌部 4580	〈部 5294	琴部 5823	矛部 6502
鹿部 4586	巜部 5294	𠃊部 5825	車部 6504
麤部 4597	川部 5295	亡部 5829	自部 6559
㲋部 4599	泉部 5303	匸部 5841	𨸏部 6565

附錄二：部首索引

餶部 6640
厽部 6642
四部 6642
宁部 6647
叕部 6647
亞部 6648
五部 6649
六部 6654
七部 6658
九部 6660
內部 6665
甹部 6683
甲部 6684
乙部 6688
丙部 6698
丁部 6701
戊部 6709
己部 6721
巴部 6724
庚部 6726
辛部 6729
辡部 6742
壬部 6744
癸部 6747
子部 6753
了部 6786
孨部 6787
厺部 6788
丑部 6794
寅部 6798
卯部 6801
辰部 6805
巳部 6811
午部 6821
未部 6825
申部 6829
酉部 6835
酋部 6860
戌部 6864
亥部 6868

附錄三：筆畫檢字表

一畫

一	1
丨	5823
丨	174
丶	5762
丶	5761
丿	5758
乀	5294
丶	2295
乁	5354
乀	1397
乙	1384
乚	5825
乚	5823
乚	5399

二畫

二	6149
丁	30
十	1031
厂	4422
丆	1425
丂	2183
匚	5849
匸	5841
上	17
卜	1588
卜	1588
冂	2427
厂	5761
乂	5758
八	426
人	3643
入	2379
几	1491
匕	3852
七	3847
勹	4287
儿	4066
冖	3569
刁	2022
凵	607
丩	1029
凢	2288
乃	2175
力	6319
刀	1972
刂	1871
乄	920
又	1376
厶	4312
乜	5860
巜	5294
马	3205

三畫

三	98
丁	918
干	1015
亏	2199
工	2145
士	168
土	6159
才	2749
寸	1492
下	30
丌	2130
大	4761
丈	1036
兀	4066
尢	4804
可	4265
午	2516
弋	5761
矢	4787
上	17
少	672
小	417
口	2816
口	497
冃	3573
山	4322
巾	3602
千	1038
毛	2798
川	5295
亿	3823
彳	859
彡	4218
亼	2359
个	455
凡	6157
及	1397
丸	4434
久	2516
夂	2515
夕	3185
夊	2478
么	5761
广	4367
亡	5829
宀	3380
孑	5396
尸	4018
弓	5871
中	184
凡	4251
也	5763
女	5651
刃	2032
叉	1384
亙	4496
幺	1824
巛	5302

四畫

王	102
井	2311
夫	4833
天	8
元	3
无	5835
弌	1
云	5354
弓	1397
扎	5634
己	2187
廿	1049
木	2531
丕	1371
不	2707
朩	3371
兀	36
𠀆	2152
帀	2767
出	4855
市	3629
出	2714
协	1049
支	1441
丏	4206
卅	1052
不	5403
仄	4431
太	4782
犬	4608
友	1417
左	1384
匹	5847
厄	4260
卂	3853
巨	2152
牙	967
屯	184
戈	5774
比	3868
旡	4154
先	4085
互	2097
卬	3856
切	1993
瓦	5863
卄	4442
止	654
支	1520
少	420
小	425
切	2006
曰	2163
日	3051
月	3576
丮	4483
中	174
水	5039
内	2381
囚	3051
牛	465
手	5520
毛	4013
气	166
壬	3890
天	4793
仁	3652
仃	3824
什	3727
片	3223
仆	3789
化	3851
仇	3806
仍	3716
爪	1362
丯	2037
反	1403
兮	2194
刈	5758
介	440
从	2388
父	1385

爻 1607	㐫 1407	卌 1059	旦 3115	付 3722
从 3859	办 2033	艾 244	叺 5206	仗 3824
欠 5323	卯 4279	芁 342	号 2197	仚 597
今 2363	収 1270	古 1030	田 6272	代 3744
凶 3368	孕 2516	芴 253	由 1606	伊 1112
矛 2512	帚 1392	芳 356	卟 1591	仟 3824
分 429	允 4069	芀 375	央 2432	仡 3684
公 442	叉 1385	本 2600	史 1428	仢 3703
乏 693	予 1842	朮 3262	只 1018	仮 3663
月 3153	劝 1300	札 2689	兄 4080	白 3632
勻 4288	册 3202	刋 1994	叱 581	仔 3774
戶 5433	毋 5748	可 2187	叫 584	他 3826
广 4433	羋 5925	叵 2193	叩 597	仞 3656
氏 5766	幻 1844	匜 2772	叺 2978	卮 4250
肀 2781	巛 5298	斥 4422	叨 2352	瓜 3377
㠯 5753	弖 3208	左 2136	庁 4365	仝 2387
勿 4478		仄 1403	皿 2262	仺 2374
欠 4119	**五畫**	丕 14	册 1005	㑇 5359
勾 4290	式 6149	右 559	兯 2387	仚 3815
匀 4288	玉 118	右 1379	㲿 3616	卝 184
冗 442	刊 2004	石 4437	帆 4330	乎 2196
丹 2302	末 2610	布 4488	同 2427	叅 4219
邟 3032	示 36	布 3623	岬 4345	令 4251
夘 5299	邢 3020	厺 5249	岘 3034	仅 5688
殳 1473	邦 2984	夲 4824	屿 2968	用 1597
夊 3472	击 102	乔 4830	囚 2835	肊 1906
卞 2302	打 5634	厌 4431	囡 3584	印 4265
亢 4830	巧 2150	发 4627	回 2819	氐 5771
文 4227	正 689	平 2207	凸 1881	尔 431
亢 4822	卟 6171	匡 6242	囟 2835	兯 581
方 4059	卉 342	匝 5856	生 2789	句 1022
火 4671	邛 3009	戉 5810	矢 2394	凤 1491
尢 2432	坯 3035	壵 3879	失 5597	犯 4620
心 4861	由 6171	夵 4462	乍 5832	包 5840
乢 1371	扐 5614	北 3871	禾 3238	外 3192
尹 1392	功 6326	竹 1746	禾 2805	外 3192
夬 1391	扔 5614	占 1594	刋 1995	冬 5327
尺 4035	去 2288	歺 1865	包 3824	夘 3035
弔 3812	甘 2158	延 933	仁 3824	夗 3191
引 5888	芊 266	曰 2302	仁 3683	包 4294
孔 5399	世 1055	白 1665	丘 3878	主 2295
出 2753	芒 5763	目 1613	仕 3656	幵 4088

市	2427	奴	5688	青	3576	朹	2566	朩	3374
疒	4416	召	537	考	4007	亙	6156	此	686
广	3530	皮	1516	圪	6175	百	1653	戽	1865
立	4840	圣	6214	圶	2145	臣	1464	兆	1595
邝	2982	弁	4088	扚	5620	丽	4598	虍	2245
玄	1837	台	552	均	6243	吏	14	尖	4783
半	462	癶	673	扱	5619	再	1821	邧	3008
羊	1018	母	5672	圾	6243	两	3600	劣	6350
汁	5233	幼	1824	扢	5602	束	3219	光	4714
汀	5219			圮	6216	邯	3007	同	2455
汚	5265	**六畫**		圯	6234	因	1018	吁	583
氿	5043	弎	98	地	5635	西	5422	早	3061
氾	5178	耒	2037	地	6162	互	2713	吃	2207
氿	5266	韧	2036	耳	5493	邦	2964	吴	6243
汎	5266	医	2094	芋	207	在	6183	吐	579
汜	5150	邦	2936	芉	375	老	3992	邑	3083
穴	3495	玎	142	芀	251	迈	2130	邢	3006
宂	3428	正	689	共	1304	百	1682	虫	6086
宄	3472	玏	157	芝	375	有	3171	曲	5859
它	6139	玒	145	芇	1747	而	4484	叩	607
宂	5441	式	2148	芋	373	匠	5849	同	3573
礼	38	丕	118	艺	218	布	1489	吃	580
必	450	迁	821	艽	215	夸	4775	吒	582
永	5313	迀	831	芃	283	犱	3868	因	2832
聿	1444	荆	2314	茂	221	合	4783	吸	513
司	4243	邢	2990	芍	260	灰	4683	囚	598
巨	3652	邢	2987	芒	280	达	787	吖	584
尻	4026	郉	3024	芝	196	戍	5784	吔	598
尼	4027	刉	2010	芑	356	戌	4805	円	3584
弓	2175	戎	5777	芎	213	旭	4804	屾	4365
民	5753	祁	3010	芋	200	歼	1868	屹	4353
弗	5759	扜	5630	打	2706	列	2002	囙	4751
邛	3004	扞	5622	朴	2718	死	1876	炎	4350
弘	5890	圩	6242	朽	1868	异	1315	扳	3622
毕	2792	圭	6233	朴	2615	匡	2718	回	2819
承	3649	扛	5591	朹	2719	歧	3853	屺	4332
疋	1001	寺	1494	杞	2719	夷	4778	刎	3604
疒	4431	扟	5634	杌	2093	卭	4260	肉	1892
米	2779	抓	5618	机	2597	邪	3021	网	3584
出	2772	氘	4154	朹	2719	邺	3033	朱	2602
发	1407	吉	565	杊	2623	攷	1574	囲	5863
妣	5682	扣	5631	朸	2631	至	5411	缶	2389

牝	471	向	3394	效	5694	汛	5249	如	5710
先	4091	囟	4855	赽	4435	氾	5181	妀	5663
邦	3001	仔	3674	色	4278	淤	5266	妁	5663
廷	920	后	4241	冰	5323	汙	5199	妃	5670
舌	1014	行	939	亦	4784	池	5266	好	5699
竹	2063	仡	918	庀	3385	汝	5080	她	5739
迄	847	彶	879	价	5332	汭	5123	奸	5734
兆	4090	辰	5318	交	4801	忏	5000	妥	5736
佞	3827	舟	4048	衣	3926	忏	4947	忍	4982
伕	3827	全	2387	次	4142	忖	5015	羽	1690
休	2711	合	2359	邡	2996	宇	3397	牟	476
伍	3726	企	3655	辛	1253	宝	3480	叒	2751
伎	3782	肎	1922	市	3627	守	3437	糸	5925
怀	3827	受	1848	亢	5298	宅	3385	纟	1828
伏	3796	忝	5014	籴	3124	乞	3509	岁	5298
臼	3364	兇	3369	籴	3124	灾	3466	巡	705
佢	3828	邠	2965	那	3005	安	3407		
伐	3801	刖	2010	加	4066	祁	2988	**七畫**	
仳	3808	肌	1948	充	4072	冐	1958	玕	145
延	933	肌	1894	迓	5575	聿	1446	玨	151
佤	3828	肋	1908	妄	5724	那	3035	玒	122
伯	3828	朵	2620	羊	1748	艮	3859	弄	1284
仲	3669	凤	3197	米	3340	迅	743	坸	148
休	5201	危	4435	籿	1018	昃	2455	玖	143
仵	3828	毕	5771	妼	3033	艰	4029	迋	713
件	3816	旭	3066	灯	4729	犴	5890	迋	873
任	3752	旨	2216	州	5299	异	1284	玘	156
似	3884	旬	4288	汗	5254	弜	5897	烖	4682
仮	3828	尪	5635	污	5216	弱	5906	匜	5845
价	3774	牲	490	江	5049	弛	5893	形	4218
伩	3829	犴	4653	汰	5224	改	5694	戒	1287
份	3678	犷	4504	汕	5189	阱	2313	吞	502
公	3674	刎	2021	汗	5124	邯	3032	扶	5535
仰	3725	匈	4290	汔	5213	肙	3922	抗	5635
伇	1487	归	4277	洲	5266	屶	192	抎	5582
伉	3664	舛	2496	汝	6208	收	1570	扺	5573
仿	3687	爷	2515	沟	5153	艸	192	技	5614
吗	455	各	586	汲	5241	卯	4265	坏	6225
自	1662	名	515	汶	5124	齐	2175	拒	5635
伊	3671	匄	4294	汱	5261	丞	1275	扽	5635
甶	4308	奶	3198	汎	5141	迆	784	玜	5869
血	2292	多	3198	汐	5266	妌	5691	走	620

延	924	巩	1374	臣	5518	迚	821	吴	3106
坃	1582	抒	5601	英	378	邧	3007	貝	2845
抄	5636	毐	5753	克	3234	医	5847	見	4097
拥	5547	華	1814	芭	378	居	4430	盯	1647
抆	5267	耴	5495	芓	218	邭	3018	耶	2969
抙	1270	耻	5515	弌	5796	否	589	助	6329
抍	5589	芈	376	杆	2719	否	5410	里	6260
坃	6243	芙	372	杆	2719	百	4203	昌	3085
攻	1574	芫	266	朽	2648	百	1682	邑	3035
抆	5636	邯	2991	杜	2553	厌	2402	吠	593
赤	4755	芸	246	杠	2654	底	4423	旳	3065
折	339	茉	2657	材	2631	囟	1662	昆	2161
坼	6215	苐	376	村	2719	奈	4776	旱	2449
抓	5636	芰	251	杕	2625	应	4430	呀	597
坂	6243	苯	276	杖	2672	奄	4777	晏	5714
扳	5636	芙	376	机	2719	旮	3168	囩	2818
扮	5578	苊	376	杙	2564	奔	4776	鄂	3000
扮	5591	苣	336	朴	2625	夾	4787	畏	5298
坋	6223	芽	272	杏	2536	夾	4772	町	6276
坍	6243	芘	269	托	2719	夸	27	粤	2183
抈	5618	芷	376	杧	2660	屄	1374	足	970
抵	5620	苇	238	杉	2719	豖	4487	邮	2978
坻	6189	芮	287	巫	2156	龙	4611	男	6314
孝	4008	苠	288	机	2720	尬	4804	甹	3207
圽	6244	茎	377	极	2691	歼	6154	困	2839
坎	6207	芙	238	构	2665	羊	1765	昌	598
坍	6244	花	377	杞	2583	豜	5219	肙	1957
均	6167	芹	245	杆	2538	忒	4952	甶	174
抑	4277	芥	342	李	2538	迋	1168	呲	585
抛	5634	芩	251	杝	2651	迍	850	呂	3490
投	6172	芬	190	杒	2597	坚	6190	听	549
投	5576	芝	303	权	2613	坙	5297	吟	584
坑	6244	芪	261	求	3988	邥	2984	吻	500
抗	5623	芴	348	忑	5017	志	5017	吹	4120
坊	6242	茨	252	孛	2781	步	676	吹	514
扻	4705	茚	253	甫	1602	刬	2014	咚	580
抚	5621	芨	315	匣	5858	卤	5422	映	4151
忎	5005	芫	377	更	1547	奴	1862	吴	4788
志	4873	芳	312	束	2811	肖	1918	吼	598
块	6244	芫	260	吾	519	旱	3082	邑	2931
抉	5579	芯	378	豆	2238	旰	3077	呛	507
把	5550	茅	276	迒	713	呈	559	岐	2964

刪 2005	攸 1559	伭 891	犺 4626	弃 1819
孜 1541	但 3803	匂 910	狄 4644	冶 5330
网 3581	伹 3775	役 1487	角 2040	忘 4960
岑 4333	伹 3832	廷 699	狃 4620	穷 5981
岁 4354	伸 3775	返 772	犯 4653	羌 1761
兕 4507	佀 3781	佘 3834	狝 4653	判 2001
钯 3627	伷 3832	余 452	肁 2515	刐 3640
囚 5160	伿 3785	妥 1349	肜 2304	谷 598
囮 2841	使 3832	希 1608	肇 2515	灼 4699
囸 3183	倪 3832	佌 3834	卵 6148	岺 4729
杏 5267	佀 3749	兑 4071	欤 4148	灺 4701
甬 1018	佚 3786	采 455	羍 1286	炕 1876
囬 2168	作 3730	坐 6187	灸 4699	弟 2512
叟 1412	伯 3665	谷 1018	郇 3006	汪 5138
连 851	伶 3769	谷 5318	迎 745	汧 5076
钆 851	低 3819	孚 1859	爷 3603	沅 5063
牡 469	佝 3785	孚 1363	系 5910	沄 5141
告 493	住 3832	妥 5739	言 1061	沐 5236
牣 487	位 3700	豸 4499	冹 5332	沛 5120
我 5812	伭 3782	含 508	亨 2444	汶 5184
舌 2216	伴 3685	佥 4353	屛 4416	沔 5076
利 1975	伫 3823	岐 1561	庋 4416	沊 5267
秃 4095	佗 3689	肝 1899	庑 4379	汰 5267
秀 3240	伲 3680	肝 1961	庉 4379	沈 5123
私 3252	皁 3632	肘 1913	庋 4399	泃 5267
忈 3652	身 3916	肜 3170	庀 4405	沌 5267
忪 4126	皂 3638	肕 1972	庢 4417	沘 5269
每 187	皀 1665	肞 1926	尾 4417	沍 5267
信 1991	皀 2316	㕊 569	庍 4417	沚 5179
臼 1324	兒 4086	冧 5762	疟 3544	沙 5175
佞 5722	伺 3821	昏 593	抗 3563	沁 5175
兵 1289	佛 3687	邸 2957	疒 3541	汩 5261
邱 3032	伋 3833	旬 1625	疫 3547	汨 5091
佉 3829	伽 3833	甸 6281	吝 586	冲 5140
何 3691	佋 3813	免 4075	彷 4225	汭 5133
俩 3687	彼 3833	邨 3032	冷 5332	冰 5270
佐 3829	囱 4751	畲 2121	序 4387	汻 5178
伾 3686	佁 3783	狂 4640	远 840	汽 5267
佑 3831	侮 3787	狏 4639	旁 2023	汝 1559
佈 3832	近 814	狦 4627	宋 2648	沃 5268
伻 3832	彶 772	狄 4659	育 1897	沂 5106
佔 3832	征 760	犴 4616	於 184	汲 5100

泠 5198	牢 480	岈 191	奉 1270	坪 6167
汾 5082	究 3518	敀 1537	玞 143	芊 1751
泛 5198	穷 2916	姸 5707	玨 164	拈 5553
泂 5268	宓 3425	妘 5663	玩 141	坫 6181
泜 5213	灾 4705	妓 5716	玭 148	诞 709
沸 5086	良 2455	妮 5739	武 5797	坦 6190
沕 5269	戾 5441	妣 5682	青 2305	担 5636
次 4151	启 554	妙 5739	玫 157	坥 6225
泖 5269	肓 1958	姆 5703	玠 133	担 5601
汻 5269	屺 5519	妊 5671	玲 143	押 5636
汶 5110	初 1982	妖 5722	玢 145	坤 6166
沆 5142	礽 3984	妚 5721	玟 149	抽 5607
沥 4059	社 88	妗 5707	玤 157	抶 5620
沈 5207	材 96	妭 5707	玦 134	拪 5576
沉 5268	衤 81	妭 5686	玥 137	坱 6223
沁 5083	祀 72	姊 5682	孟 2262	劼 6331
决 5189	刱 1975	妒 5701	歽 4598	峒 2427
沮 5219	岚 3573	妧 5740	隶 174	搗 5636
泃 5213		妨 5723	刑 2016	抶 5637
浪 5269	义 850	妒 5721	泰 2313	抶 5620
没 5201	邠 2986	忿 4913	彤 2302	拖 5637
沉 5086	邟 4260	妒 5740	劦 2316	坯 6244
忨 4966	迖 851	妜 5727	扶 4840	坿 6211
怖 4982	癹 5018	姒 5740	扻 5536	附 5559
忮 4955	君 524	卧 1595	忎 5010	者 1673
忧 4995	尿 2677	邵 4260	抹 5636	垃 6223
忡 5000	尾 4037	邵 2984	長 4462	耂 3997
忤 5017	屉 4029	劭 6338	抾 5636	坴 6171
忻 4902	阠 1519	忍 5013	刲 2009	炎 2478
忾 4996	局 596	甬 3207	卦 1591	弄 1286
忪 5018	迟 840	邰 2963	邦 2979	抑 5637
怃 4916	改 1578	矣 2416	拑 5539	抵 5534
忼 4905	攺 1544	灸 2478	抴 5626	坻 6208
忪 4928	刹 2010	姿 5740	邾 3012	拘 1024
快 4895	欤 4124		坷 6223	均 6244
忸 5018	忌 4969	迓 851	坷 5614	抱 5565
忤 5018	敀 5663		坏 6244	拉 5535
完 3416	壮 173	炎 4497	拓 5602	坨 6245
宋 3473	妆 5721	灾 4705	拊 5548	扡 5626
宑 3455	圭 2767		拔 5607	抗 3367
宏 3399	圭 6191	**八畫**	坡 6172	挖 5551
宜 3445	芬 190	邸 2987	抨 5619	抳 5637
		邦 3007		

报	5637	芙	266	析	2708	戔	5795	效	5719
拂	5621	苹	379	板	2720	奄	4773	虎	2253
拙	5615	茌	379	枔	2721	奈	4776	尚	435
拠	5637	苊	267	枌	2592	來	2470	坐	6178
招	5574	苓	239	松	2593	佥	4776	盰	1620
披	5582	苟	346	枀	2721	奇	4776	肝	1618
坡	6167	苏	378	柳	2692	奄	4777	旺	3106
拚	5593	芩	356	殳	1474	㞢	4804	星	1653
抬	5637	苑	306	杭	5623	豕	4493	旻	899
迏	851	苞	243	枋	2567	威	5812	昊	3106
坶	6167	苤	379	枓	2665	殀	1874	具	1295
拇	5524	范	354	述	714	歾	1875	味	510
坳	6240	苁	312	枕	2655	殁	1874	果	2611
拗	5634	直	5825	枀	2721	殇	1865	昃	2634
卹	2015	茀	311	杻	2562	㞭	4804	昗	3078
其	2121	茁	274	杷	2658	郎	3012	退	713
耶	5515	茄	255	枒	2669	奅	2488	㫈	3107
取	1412	苕	356	枂	3373	帝	23	昆	3097
茾	378	苔	379	兵	4462	亚	671	咄	549
茉	378	茅	228	東	2735	妻	5666	迪	851
苷	218	莓	218	肀	1441	昊	2720	門	5443
苼	378	柱	2623	亜	1832	戔	5808	昌	3085
苦	226	枅	2643	或	5790	刖	1374	旦	2238
苯	262	枎	2625	疋	689	殁	4086	呵	599
苟	294	杬	2720	臥	3906	㤝	5018	昕	3107
茎	378	邴	3008	邲	4939	昇	3106
若	327	柿	2704	卧	1459	到	5414	昕	3101
芥	4788	枝	2613	事	1436	郅	2995	販	3090
茂	283	柜	2580	刺	2018	迏	821	明	3178
菱	282	枒	2583	兩	3581	呕	5870	吻	3062
苡	378	屯	2562	雨	5333	岠	5870	易	4508
苹	210	枇	2564	囟	1018	坚	5297	吹	4142
艾	4714	枧	2720	厓	4422	非	5391	昂	3105
迣	820	柏	2691	屋	4433	叔	1407	旻	3056
苦	325	杪	2620	杳	3097	斐	5741	昉	3101
苴	330	杳	2634	矸	4456	朱	2839	炅	4722
苗	293	枏	2535	郁	2966	歧	672	旿	3101
苗	240	杼	2713	迍	851	岠	658	甶	4308
英	277	杵	2659	剁	2001	斨	814	畀	2133
苣	237	杠	2720	郇	3037	些	689	呫	599
茆	379	枢	2619	奔	4800	衣	3139	删	5294
芫	204	枚	2617	奇	2191	卤	5422	囷	2841

盯 6296	咛 3627	甼 1597	侈 3782	邰 2977
蚓 6113	岜 4355		俊 3697	肴 1931
迪 756	迥 830	迮 852	隹 1714	侖 4975
典 2130	岷 4355	弑 3713	侘 3809	望 5411
固 2836	岮 4355	佳 3675	佼 3657	余 4149
刵 1881	陂 3608	侍 3718	欥 3717	丼 1595
忠 4890	困 2828	佶 3683	依 3714	芎 2207
咀 599	沓 2169	岳 4327	侅 3676	忩 4959
咀 506	狄 5289	伹 3717	佯 3835	甹 5797
呻 584	囹 2835	供 3695	併 3709	效 1583
呷 551	岡 4333	佴 3834	佚 1561	炎 1609
呜 599	罔 3584	使 3764	侂 3835	众 3836
呐 511	昌 593	侊 3197	俊 3722	拿 1752
呱 503	牦 490	佰 3728	臭 4830	采 2701
呼 511	邾 3004	侑 5715	郎 2997	呈 3896
迟 783	制 2011	侉 3795	帛 3630	受 1851
呧 581	刱 1974	例 3799	卑 1425	爭 1857
呴 599	并 3865	臾 331	的 3639	乳 5402
咆 594	知 2414	兒 4066	迫 816	會 5359
吔 599	迭 792	版 3223	很 3836	欥 4132
呧 595	氛 167	岱 4329	佸 3729	念 4897
咏 1164	急 4969	侟 3627	粤 2294	瓮 5871
昃 1516	牰 473	郔 3010	卯 2294	攽 1541
咈 580	迮 740	侁 3781	做 3836	炙 4729
咄 549	垂 6234	伷 3834	保 3649	忿 4973
呹 581	牧 1580	侗 3683	俘 3705	瓮 5869
哈 597	牸 486	侃 5298	欣 4123	肤 1962
呦 595	物 487	個 3834	邱 3020	肮 3171
岵 4332	牦 490	侏 3835	征 709	肺 1897
岢 4354	乖 5649	侁 3724	徍 918	肢 1918
岸 4365	笆 2111	俢 3686	徂 714	胚 1893
弟 4344	秆 3278	侐 3722	徂 890	肰 1955
陂 3604	和 544	侚 3781	衍 956	肫 1926
帖 3616	季 3281	侔 3781	往 873	肱 1384
囹 3599	秅 3278	佺 3703	彼 875	胆 1962
岨 4332	耗 3320	佮 3729	刞 4052	肫 1896
岬 4354	秓 3271	侊 3781	舠 4055	肌 1937
宙 2936	秄 3272	佾 3819	金 4586	阚 6244
岫 4338	委 5705	佩 3658	舍 2367	肭 3168
帙 3616	竺 6156	侊 3835	刹 2022	肝 2333
岾 4354	秉 1400	侚 3675	俞 2363	肵 1962
峁 4355	钖 2798	佫 3835	命 533	肸 1044

肸	3206	姓	3192	炬	4729	沟	5271	怡	4913
盼	1962	匊	4288	炊	4684	泡	5104	怮	4996
肺	1955	刭	4260	炕	4723	注	5191	宗	3475
胸	1962	炙	4754	炎	4736	泣	5255	定	3400
股	1916	帑	3617	忝	4729	泫	5136	宕	3472
肮	1962	冽	5332	怏	4729	泮	5260	宙	3479
肪	1905	京	2437	泳	5270	沈	5142	宇	3526
肫	1955	亨	3234	沫	5056	沱	5052	空	3505
肭	1916	㐭	2459	沬	5238	泌	5135	窃	3527
朋	1926	庞	4405	泟	4758	泳	5197	罙	3526
肥	1958	郊	3037	法	4586	泥	5122	穹	3517
周	569	夜	3187	泔	5228	泯	5261	宛	3396
匋	4288	㡰	4412	泄	5099	沸	5179	宝	3479
咸	6133	府	4367	沽	5120	泓	5150	宓	3413
昏	3079	底	4404	沭	5106	泄	5162	弘	3400
迉	787	庖	4380	河	5043	沼	5183	宋	3425
迩	818	疔	3547	泙	5162	波	5145	郎	3012
阜	3857	疝	3547	泧	5219	治	5110	㡳	5433
郇	2993	疲	3560	沾	5083	泐	5047	戾	4627
兔	4603	疚	3563	沮	5060	怯	4627	肩	1908
迥	852	卒	3976	沖	5270	怙	4937	攽	5443
刍	4602	郊	2956	油	5095	怵	5008	房	5437
狋	4616	忞	4941	泱	5203	怲	4997	衦	3943
匐	2389	兖	4078	泄	5270	怖	5009	衧	3968
狂	4626	兗	4078	況	5139	怗	5018	衫	3984
狄	4653	尭	3949	泅	5270	怛	4988	袄	95
臽	3367	音	2301	洞	5235	怚	4951	祂	78
狙	4647	妃	4848	泗	5199	怦	5019	祉	50
狎	4620	姜	1256	泗	5105	怞	4941	祈	83
㣈	2168	盲	1650	泚	5169	怏	4985	祇	63
狍	4650	瓰	5865	泆	5270	悦	4965	役	1474
狐	4650	放	1845	泺	5270	性	4871	祊	78
狑	4654	刻	1995	泡	5271	怢	5019	冞	3500
忽	4959	於	1802	泟	5271	怍	5012	殀	1477
狗	4609	郂	3032	泭	5195	怕	4945	迯	851
匎	4292	斻	4066	泊	5271	怩	5015	罕	3573
狚	4613	氓	5758	泒	5122	恨	4968	迵	852
匓	4292	差	2143	泠	5170	怫	4959	建	924
殁	1488	邢	3033	泠	5088	怨	5019	隶	1455
罃	5703	券	2017	泜	5118	怪	4968	帚	3620
咎	3807	卷	4261	沿	5196	怊	5015	罜	1006
甪	1653	並	4851	沿	5086	怪	4956	屎	4035

迟 781	妖 5741	珀 157	挺 5610	革 1333
屈 4026	炸 5741	珍 140	括 5614	苣 211
居 4019	姁 5676	玲 142	者 3997	荚 246
屍 4027	姗 5741	珣 144	埏 6238	茵 330
刷 2008	妴 5741	珊 151	挺 5563	茜 243
叔 1396	姓 5694	玹 158	耵 4758	苍 288
戽 4035	妌 5735	珌 135	刺 2023	荐 315
屐 2488	姁 5741	珉 146	郝 2969	莆 303
迌 852	始 5694	珈 155	垍 6214	荨 2798
弨 5904	帑 3623	玼 158	垧 6246	巷 3048
弢 2414	弩 5893	毒 189	垢 6224	苅 253
彗 5907	姆 5742	臿 1015	耆 3997	茱 2710
弧 5874	虱 6120	型 6200	垛 6246	黄 222
弦 5907	迢 848	匩 2661	拾 5602	荆 253
弩 5893	迦 852	医 5852	垗 6226	茎 262
弨 5875	契 5685	抹 5638	挑 5579	茶 269
承 5568	盱 1519	拭 5637	垝 6216	茈 242
牀 2654	叁 102	垚 6256	指 5524	草 364
狀 4617	叁 6183	挂 5625	垌 6246	苗 336
戕 5795	邪 3001	持 5537	挌 5627	莒 207
狀 5230	蚤 6120	封 6191	垎 6208	茵 333
牁 5537	追 852	隽 4787	帑 3628	牟 381
丱 1417	罘 455	拮 5616	垙 6215	茯 269
岢 3057	柔 2564	我 6245	埒 6215	莛 274
欨 4133	垩 6245	拱 5528	垓 6166	苦 246
巫 6152	彔 3238	垣 6173	垪 6247	茠 409
陎 6216	希 4493	拒 5572	按 5554	茯 6040
妹 5683	希 4493	㧒 763	㖧 5638	茂 303
姃 5740	冑 1096	拍 5558	罘 27	荏 204
姑 5677	糾 1029	挾 5637	垠 6215	荷 382
妸 5692	甾 5863	城 6200	拯 5638	茁 356
妭 5741	甾 309	垤 6225	垛 6181	苫 252
妭 5686		挃 5618	挟 5582	荇 265
城 5728	**九畫**	批 5564	羿 1713	荃 326
姑 5707	籽 2040	政 1534	苿 311	苔 197
姐 5677	契 4777	赴 624	某 2597	茢 270
姐 5738	奏 4825	赳 628	耶 5516	苟 372
妯 5725	珂 156	垌 6246	甚 2161	茗 374
姎 5728	郏 3037	挏 5574	荆 269	苍 218
娜 3032	玷 157	捆 5614	荁 237	苓 251
姍 5732	珇 136	壴 2225	笁 217	茭 334
姓 5655	珒 133	哉 549	茸 364	茨 318

荒 296	柣 2722	柬 2812	皋 3847	則 1986
荌 282	柞 2565	甬 4430	毞 3847	昪 4830
荓 239	柁 2722	咸 554	皆 1665	耶 3037
茫 5271	柏 2595	厔 4431	毖 3870	盼 1617
茨 383	柧 2706	厖 4431	到 2016	眨 1652
荾 239	枰 2565	威 5678	鄂 3037	眠 1620
荙 1962	柃 2659	戙 5809	勁 6335	易 4481
荲 383	柢 2602	匼 5857	韭 3375	吻 1622
故 1529	枸 2566	砿 5411	尌 1408	昀 1653
青 1962	枹 2688	甭 5411	背 1906	眈 1620
胡 1932	柱 2641	研 4454	剉 2023	悬 4988
荍 222	柿 2535	頁 4155	首 1747	映 1645
荬 338	粒 2707	厚 2449	皆 581	昄 1651
茹 335	柈 2723	砒 4456	苟 4295	県 4210
荔 350	柠 2582	砂 4457	斐 5716	哇 580
葫 383	柁 2723	砍 5199	貞 1591	郢 3001
南 2781	秘 2676	泵 5272	帛 3858	戙 5809
兹 284	柅 2677	砝 4455	郵 3034	昪 551
奈 2537	柅 2566	砍 4457	鹵 3208	冒 3578
柳 2557	枫 2562	面 4203	偎 1832	咺 503
枯 2691	柫 2659	耐 4486	虐 2252	映 3103
枯 2627	柮 2707	奕 4832	唐 2253	禺 4310
柯 2674	柖 2621	耏 4486	省 1659	星 3147
柄 2676	枷 2659	囿 3620	削 1974	昳 3104
柘 2586	披 2561	奎 4771	鄗 2961	昨 3084
柭 2672	枱 2658	查 4776	娈 5666	昫 3071
柩 5859	栂 2724	屍 4430	盱 1619	曷 2167
枰 2707	邽 3032	㡿 4777	盷 1653	昂 3083
枮 2597	郢 3031	郟 2996	昧 3062	昱 3090
相 1630	訔 957	廖 4821	昧 3107	昵 3097
柦 2722	郁 3034	厌 4152	眂 4101	咦 511
枡 2649	郔 3010	盃 2295	盷 1649	昭 3063
柙 2714	匽 5845	牵 1752	昊 4613	咥 548
柠 2620	刺 2813	眘 4887	是 694	昇 3085
柚 2533	歌 4148	虺 6092	是 694	畊 6304
柍 2557	晉 1653	殂 1874	郢 3001	畎 5294
枳 2578	部 3021	迵 821	昱 1613	畊 6304
柎 2688	郚 2982	殂 1867	眇 1648	畏 4308
柷 2689	匡 5852	殃 1870	晒 3107	毗 6304
柤 2658	巠 6216	殄 1871	眊 1619	毘 6304
栅 2651	速 699	殆 1869	販 1618	卧 976
栖 2661	迺 2181	旭 4804	盼 1652	胄 1920

6896

胄 3578	岑 2305	弮 5904	俛 4187	剉 2010
胃 1900	岏 4357	奉 4813	侹 3816	邵 2986
畋 1577	峋 3608	竿 2102	係 3799	卻 4262
盷 6284	峀 4350	竽 2096	信 1111	姃 1001
跀 995	帨 3605	笈 2112	倪 3837	爰 1848
昒 6304	迴 853	卻 1594	俻 3774	再 1824
虹 6118	冒 3599	段 1481	俒 3758	采 3271
蚥 6288	罘 3586	俄 3836	皇 112	曼 1857
蚔 6119	囿 2842	俤 3836	泉 5303	采 1363
虬 6121	骨 1886	徥 3836	敀 1526	郛 2959
思 4855	幽 1828	奊 1289	皈 1685	食 2329
盷 6305	卸 4264	俅 3657	卽 2316	瓴 5869
思 4948	缸 2392	忐 4899	鬼 4301	建 672
盅 2285	拜 5529	俌 3713	侵 3737	奐 2495
咢 612	看 1643	便 3750	肥 3638	盆 2272
則 2008	矩 2418	俉 3837	畀 1284	肱 1910
虽 6120	矧 2419	侸 3726	帥 3603	胁 1962
品 1002	耈 1488	侲 3818	追 809	思 5021
咽 502	枰 474	俠 3723	俑 3796	胆 1957
哭 616	郶 3009	俿 3837	俟 3682	胂 1908
迥 792	牪 474	俄 5019	俊 3660	胍 1918
敂 5703	牲 478	畁 1315	盾 1661	胜 1948
咪 595	牴 485	胖 3227	㞈 2449	胅 1926
哑 585	牸 475	怰 4951	逅 843	胙 1928
囿 2829	牉 5159	俊 3837	衎 950	肘 1963
哞 4243	适 743	修 4219	待 889	肩 1908
咷 504	甴 3366	俏 3837	徣 888	胗 1925
垚 2272	柸 3322	倪 3757	佮 2370	肬 1926
哆 503	秬 2328	俚 3685	徦 919	胸 1944
咳 504	秕 3279	俥 3723	衍 5130	胞 4295
咪 599	秒 3272	促 3798	律 910	胘 1936
咤 599	香 3337	侶 3817	很 899	胖 465
峙 4355	种 3322	俟 3683	後 893	脃 1932
峘 4355	耗 3264	俄 3786	彤 4052	脈 5318
峽 4356	秭 3320	侮 3787	郕 3012	胒 1963
峼 3375	柲 1975	俱 3814	俠 1289	胇 1963
炭 4682	秔 3264	徐 3774	俞 4049	胐 3164
峨 4356	秎 3322	俙 3788	拿 1284	胵 1964
罘 3599	秋 3304	徲 3726	迬 740	胎 1893
罔 4654	科 3317	俗 3760	郝 2983	匍 4288
別 2023	重 3896	俘 3803	逃 808	矣 2402
骨 6191	复 2478	倍 3837	㝎 3655	昏 593

6897

剄 2009	唐 4408	羑 4313	洟 5253	悛 4916
敁 1582	度 1421	姜 5657	泚 5139	恰 5016
負 2883	座 4404	迸 848	洸 5145	悙 4965
匙 4602	庥 4417	叛 465	洞 5152	悄 4881
敏 1574	奕 4830	奓 2155	洇 5124	恂 4927
敂 4121	弈 1294	希 3619	泂 5196	恪 5021
勉 6336	帝 3627	送 777	洙 5105	恔 4908
奐 1283	迹 699	粁 3357	洗 5240	恢 5008
狟 4627	庭 4377	迷 792	涎 5272	恨 4982
狗 4654	麻 2711	籵 3360	活 5136	郃 3038
狃 4654	庬 4418	豗 438	涃 5273	害 3480
耷 4384	宦 3564	逆 743	洎 5219	宨 3385
狦 4616	疣 4192	炪 4729	洫 5184	宣 3391
風 6133	疪 3564	炳 4708	洇 5098	宦 3433
猛 4620	疳 3556	炻 4729	洐 5188	宥 3445
狡 4611	彦 4226	炦 4683	派 5180	宬 3400
狨 4655	疥 3551	烜 4672	洽 5211	室 3387
狩 4632	痕 3560	炯 4713	洮 5065	宋 3414
剉 2046	痱 3560	炮 4689	染 5249	官 3395
狠 4616	疫 3561	炫 4714	洈 5086	窀 2313
習 2167	疲 3557	炸 4730	洵 5123	突 3513
尳 1211	痎 3546	烸 4681	洶 5152	穿 3500
訇 1184	痕 3556	炪 4679	澤 5130	窆 3525
舭 4435	库 4373	炤 4730	洛 5078	穸 3524
昝 3109	屏 4398	洭 5086	洺 5263	突 3501
迨 762	庝 4413		洨 5115	宽 3481
駌 5869	迿 749	洭 5771	洋 5107	客 3460
怨 4975	垒 6208		洴 5273	宓 3472
急 4948	咨 536	姴 5725	洲 5273	姿 1387
胤 1919	姿 5723	洼 5182	浂 5223	冠 3569
訂 1103	音 1238	洔 5171	浪 5273	屋 5442
計 1139	朔 4850	洱 5272	洳 5274	剐 2023
訊 1215	咅 580	洪 5129	恆 5003	扁 1007
訓 1187	帝 23	洦 5105	恃 4937	局 5442
訏 1111	虺 6121	洧 5209	恭 5008	袄 3935
逗 1185	岙 2293	洓 5204	恆 6154	祖 3963
派 5332	斿 3143	洒 5234	恢 4909	社 3934
言 2443	施 3131	洧 5098	恍 5020	祄 3943
哀 589	紗 5910	洎 5124	愧 4941	衸 3951
亭 2420	差 2143	洲 5223	恫 4989	祇 6001
亮 4078	美 1758	洿 5215	恬 4908	袂 3940
厓 4417	羑 1764	洌 5154	恤 4946	神 3983
		柒 2723		

袜	96	胥	1945	羿	2497	珙	157	挾	5548
祛	96	孩	504	枭	3372	珥	126	埉	6246
祐	37	欬	4142	瓴	5869	城	157	赶	653
祏	78	蚩	6111	炱	4684	珈	158	趙	634
祐	56	帤	524	怠	4957	鬥	1374	起	639
衭	83	院	3399	發	676	玼	136	起	635
祖	75	姸	5726	蚤	6125	瑰	144	茟	1747
神	59	娥	5692	柔	2629	珠	147	捎	5592
袂	96	娃	5727	敉	1526	珽	133	捍	5639
祝	81	姞	5659	悉	4941	珣	125	貢	2863
祚	95	姥	5742	象	4497	珩	133	垻	6181
祔	74	姐	5694	紁	6064	珧	148	捏	5638
袓	97	姷	5715	逸	893	珮	157	埋	6246
祇	58	姨	5685	桑	3360	珣	125	探	5639
祕	63	姪	5685	紆	5962	珞	158	捉	5563
祠	79	帤	3604	紅	6003	琤	142	捐	5628
㡢	2323	姻	5665	紂	6041	珒	159	埍	6225
㡷	1416	姝	5699	紀	5931	玹	158	欯	4120
逵	853	姚	5663	紃	6022	班	164	袁	3951
逸	853	娗	5735	約	5969	珢	143	殷	1477
昶	3102	姞	5707	級	5965	敖	1846	壳	4787
聿	1447	姤	5738	紝	5981	瑢	148	把	5600
郡	2941	娀	5707	紀	5943	珝	156	捌	5634
退	891	姶	5694	紞	6064	素	6076	茟	2477
叚	1416	姚	5660	純	6064	茣	1821	拷	5607
屍	4029	姝	5742	紉	6033	匿	5844	埪	6246
屋	4031	姫	5704	紁	595	祢	91	都	2945
眉	4023	姁	5715	紁	4141	栾	2618	哲	522
屑	4024	姜	5742	曽	5298	祂	6121	逝	713
屒	4027	姼	5686	逴	3133	兩	5484	娎	5732
怭	4037	姣	5701			匪	5856	埦	6166
屛	4032	嫉	5694	**一〇畫**		髟	4232	耆	3995
弝	6277	姸	5734	著	6159	挟	5614	耄	4013
弭	5874	姢	5725	耕	2037	恚	4974	捈	5626
弱	5904	姦	5736	挈	2036	捆	5553	埱	6247
敃	1526	拏	5552	挈	5539	栽	2634	捝	5600
盅	2271	怒	4977	恝	5019	拷	5616	挫	5535
昇	2134	架	2724	契	2036	捕	5623	埒	6177
弱	5904	飛	5390	泰	5249	埔	6247	捋	5559
韋	2500	盈	2278	秦	3307	埂	6217	捊	5565
眉	1658	孚	1713	珪	6233	馬	4517	埗	6246
胜	2797	㸦	5350	珥	134	振	5589	垙	6256

挽	5638	菁	267	荴	357	栐	2667	勑	6330
捽	5584	莖	274	荵	383	桜	2723	焜	4804
挚	5532	莎	335	莊	192	栟	2724	匧	5857
恐	5005	菁	287	荶	219	根	2607	逐	811
栽	4705	莫	409	菱	383	栩	2563	烈	4678
垸	6200	莧	207	桂	2551	逑	797	殊	1866
捖	5638	莇	380	梻	2667	索	2779	殉	1875
捃	5638	萆	221	桔	2564	連	794	殈	1873
垹	6214	茝	381	栲	2721	敔	1583	殀	1875
抑	5564	苶	381	栶	2722	專	1513	盉	2286
捐	5581	荊	381	栱	2721	逋	798	殚	1875
堊	6187	茴	262	郴	3007	彧	4224	鄄	2996
捅	5638	莪	256	桓	2651	哥	2193	東	3208
埃	6224	莉	381	栋	2718	豹	2722	匚	5849
挨	5619	莠	199	栖	5428	速	741	剗	2023
捘	5533	茲	252	栢	2722	埕	3892	致	2478
耻	1551	莓	382	栫	2671	鬲	1354	貣	2868
珊	5496	荷	255	柵	2643	逗	783	晉	3066
耴	4017	莜	330	栵	2643	郭	3038	逕	855
聆	5513	莋	373	梀	2559	覀	3600	攱	3374
聊	5513	莛	207	桱	2713	赦	1582	欫	4132
耿	5496	荼	357	栚	2722	逎	813	峙	657
耽	5496	蓊	239	桄	2706	唇	583	欨	4134
恥	5009	莝	335	桐	2590	唇	4430	耈	658
聃	3012	莩	239	梠	2645	厬	492	柴	2632
莢	380	莞	382	株	2609	威	4723	掌	5583
莇	282	莢	283	挺	2619	厞	4431	垠	973
莅	216	茹	199	栝	2679	夏	2488	桌	3234
茬	380	莑	359	樰	2625	砢	4455	鹵	2183
莟	265	菁	383	桁	2722	砧	4456	虔	2249
䒾	380	莘	382	栓	2723	硤	4457	卦	1044
荗	269	莐	243	恰	2657	盍	2266	挙	1259
莆	197	莎	346	桉	2724	砥	4423	貤	2846
鄀	3037	莧	233	桃	2548	破	4451	毕	3638
莕	354	莨	267	桅	2597	恧	5011	厓	425
荳	380	軋	3118	桙	2678	歷	4422	逍	849
都	3037	著	237	格	2625	厞	4430	眛	1623
莕	5628	蓂	333	栘	2577	原	5307	眹	1653
恭	4911	畆	6279	桏	2723	厶	4430	眛	1646
挲	5628	盍	2286	校	2698	剠	1975	眨	1620
莢	280	甿	5519	核	2670	郹	3012	時	3057
荓	413	茝	383	栟	2559	敉	4825	逞	821

畢	1814	蚑	6111	敊	3729	造	728	借	3736
眃	1658	蚵	6110	崍	4344	牷	479	值	3808
眹	1648	蚍	6132	罟	3589	牧	4231	烋	4730
財	2846	蚶	6088	罣	4549	牂	4231	倆	3838
眕	1622	蚌	6283	罝	1623	牷	4549	倜	3197
退	798	蚝	6120	置	3591	乘	2521	倚	3713
貤	2880	蚚	6099	罟	3599	秣	3321	俺	3686
屖	4107	蚡	4663	罛	3589	秞	3321	倢	3717
眠	4101	蚣	6108	罨	3591	秋	3262	郫	3030
眴	1653	蚔	6094	罡	3589	秠	3272	仉	3367
晟	3102	蚊	6129	罠	3589	秜	3321	倓	3781
眩	1616	蚟	6108	峭	4356	秤	3322	倒	3819
眫	1654	蚨	6110	峴	4356	租	3300	俳	3785
貯	1652	蚓	6088	峼	4343	秧	3281	俶	3687
眦	1619	哨	585	峨	4343	盎	2274	倬	3686
眠	1654	唄	600	峪	4356	秩	3276	倠	3838
晊	3108	員	2842	峪	6053	秫	3272	條	2615
胎	1651	哯	579	峰	4341	秥	3327	倏	4627
哮	595	晁	4110	峴	3603	郰	2978	脩	1938
晄	3065	圃	2831	圓	2818	秖	3322	倏	4731
晃	3108	哭	616	峒	4357	秜	3265	俱	3707
哺	509	圄	2835	峻	4339	透	848	倡	3785
閃	5484	罜	490	盇	2285	脊	5323	傷	3788
哽	580	哦	597	峮	1613	叒	4795	倈	2619
唔	600	唏	548	奚	5730	笠	2111	倕	3838
晌	3109	歐	4139	罟	3591	笪	2094	恁	2333
眺	3109	恩	4916	囤	2841	管	2112	恁	4951
晁	3109	盋	2272	剛	1991	笠	2097	倭	3680
唊	581	圂	2840	拼	5639	筑	2101	倈	3838
剔	2021	唁	589	眚	1645	笑	2110	倪	3763
唳	584	唊	586	牲	2797	笒	2112	催	3808
晈	3099	唂	503	牳	2037	第	2088	俾	3762
晏	3071	唧	600	釩	2393	笏	2111	倐	3838
烎	1709	唉	549	釭	2392	笊	2075	倫	3703
趴	991	恘	3628	缺	2392	笆	2112	俼	3795
跂	986	恆	3626	籹	2420	笀	2112	丞	2798
畠	6305	峿	4355	氤	167	俸	3837	倗	3686
畛	6288	叟	1436	毪	4017	段	1416	個	3818
蚄	2495	豈	2236	氣	3354	倩	3673	倓	3838
蚌	6114	峽	4356	特	470	倀	3780	偖	3808
蚨	6114	敊	1583	郵	2959	倨	3837	隼	1780
蚖	6092					倰	3838	隽	1738
						倪	3884		

隻	1716	航	4059	脛	1937	留	6296	疷	3564
倞	3684	舫	4053	胭	1963	晢	1624	疘	3540
俯	3839	服	4055	脡	1963	盌	2262	病	3538
倅	3818	舭	3378	脠	1948	芻	333	痁	3553
倣	3839	舥	3379	胻	1917	清	5326	疽	3549
倍	3775	舳	3379	朓	3168	訏	1190	疸	3559
倦	3811	邰	3033	脆	1963	訐	1194	疹	3555
倓	3675	剗	2010	脂	1949	訌	1187	痂	3564
倌	3774	殺	1488	胸	4290	討	1207	疰	3564
臬	2679	剡	2023	胳	1910	訓	1184	疾	3530
健	3684	敆	1552	脃	1951	訕	1175	症	3564
臭	4633	歙	4138	胶	1963	訖	1167	府	3547
射	2395	樢	1488	胲	1918	託	1156	疹	1925
皋	4827	念	5020	朕	4052	訓	1092	痀	3547
躬	3494	郁	3038	剛	2023	記	1215	庨	4418
息	4865	烣	2259	敍	4437	這	856	疵	3542
島	4329	弄	1286	趺	5774	訊	1108	痃	3564
郫	3005	釜	1356	虓	2259	記	1157	痂	3551
烏	1802	娑	2496			訏	1216	疲	3560
倨	3684	蚤	6121	戎	5809	訒	1171	蚕	6121
師	2768	龠	4142	詫	4148	凌	5327	脊	5650
倔	3839	釜	2393	眞	3847	凍	5326	效	1528
蚸	2294	晉	1859	羿	2195	衷	3971	袁	3929
蚋	2294	垚	2392	剞	3671	衰	3974	紊	5965
與	5327	舀	3367	狻	4640	勛	6334	唐	575
蚍	4855	豻	4504	狹	4655	衷	3963	凋	5327
途	854	豺	4502	狹	4654	富	2455	瓷	5870
徒	706	豹	4499	狼	4654	高	2420	恣	4963
悟	918	奚	4831	狸	4654	亳	2426	羖	2521
徠	918	紮	6065	狷	4653	郭	3024	剖	1998
虒	2260	鄃	2323	狶	4655	袤	3930	竟	4851
徑	866	倉	2374	狺	4631	庪	4415	部	2979
徎	873	飢	2339	逐	830	席	3620	徇	4848
復	891	飢	2354	狼	4648	庫	4381	衮	4690
徐	882	衾	3962	觓	2060	庮	4410	旁	27
徉	889	像	3839	卿	4279	庬	4417	涵	5332
俟	2475	蚤	6121	猛	4329	敉	1557	旃	3126
起	635	翁	1699	狹	4646	鄌	3038	旄	3138
訝	3109	眝	1964	逢	752	座	4418	旂	3129
殷	3922	胎	1964	朓	1928	痄	3564	肪	4478
般	4053	肺	1948	胸	1961	痁	3562	旅	3139
般	4053	胯	1916	桀	2519	痄	3559	旆	3130

效 1583	浯 5110	悈 4921	窞 4338	冥 3144
欯 4139	浹 5265	悚 5020	盍 3496	雀 2436
毇 1488	泷 5124	悖 1178	窒 3445	冤 4606
訖 3038	涇 5065	悑 5009	剠 2021	逐 856
畜 6300	涉 5292	悚 5019	宰 3434	盎 2273
兹 1840	娑 5715	悟 4938	寎 1387	贵 4701
敉 2336	消 5214	悭 4950	寍 3400	書 1447
粉 1753	涅 5272	悄 5001	窨 3433	帮 3613
殺 1754	湼 5172	悍 4955	案 2663	聖 6208
羔 1751	浽 5272	悝 4964	宵 1964	展 4024
恙 4996	淇 5121	悃 4905	窓 5023	辰 4029
瓶 2391	浬 5272	悄 4974	冢 3576	展 4048
桊 2671	浞 5211	悞 5023	朗 3167	屏 4048
拳 5526	涃 5272	悒 4951	耴 3572	犀 4029
粔 3360	涓 5132	悻 4640	辰 5442	剛 1975
粑 3360	泡 5174	悋 5020	庫 5442	郲 3038
耕 3361	涔 5210	悔 4984	冡 4292	弳 5904
敉 1561	浩 5141	悌 5020	扇 5436	弱 5874
斨 3360	浼 5056	悋 5021	麻 6055	曹 1652
粄 3360	淀 5159	悦 5022	袜 3984	弱 4221
粉 3357	海 5125	悌 5016	祛 3939	敔 5907
粗 3354	埊 6224	恨 5023	祐 3943	毄 1577
益 2274	涂 5061	悛 4944	被 3982	嬰 5726
兼 3327	涗 5223	害 3469	祖 3965	奘 4830
朔 3159	浴 5238	宦 3395	祖 3969	胖 1753
欷 3547	浮 5148	宼 2273	袟 3984	孫 5911
烓 4684	涪 5273	害 3459	袗 3930	蚩 6107
烘 4686	浣 5216	宸 3397	衿 3985	崇 1709
烟 4706	流 5290	家 3380	祇 3939	崇 91
烙 4727	涚 5273	宵 3451	袀 3985	岧 1832
炒 4710	涕 5256	寀 3481	袍 3937	峯 2781
烠 4682	浣 5246	宴 3413	袨 3983	剛 4344
剡 1981	沫 5273	宮 3484	祥 3966	斨 339
郯 3021	浪 5075	謎 3527	袘 3943	育 1924
烽 4731	涒 5232	宦 1618	祒 3944	烝 4679
烺 4731	浸 5273	宧 3526	被 3960	姬 5658
涑 4758	混 5274	寀 456	袷 87	娓 5709
浙 5056	洇 5274	寇 3504	袷 81	娣 5742
涊 5124	涌 5153	容 3425	桃 95	娕 5713
浦 5178	浼 5178	窌 3510	裿 74	娠 5671
浭 5272	浚 5224	窑 3512	衼 97	姞 5729
凍 5248	碧 4457	窈 3522	祥 48	娭 5732

娙	5702	純	5929	甄	2093	堄	6247	埦	6248
娋	5725	紕	6059	晋	1619	赦	1557	探	5611
婞	5742	紃	6063	規	4839	赧	4758	捷	5641
娉	5720	紋	6065	捧	5639	推	5532	捲	5641
娟	5738	紗	6064	毧	4018	堆	1734	埭	6248
挈	5627	納	5948	堵	6175	堆	6247	掃	5641
毪	4018	絆	6063	掕	5619	頂	4168	埽	6183
恕	4913	紅	5939	撒	5628	埤	6211	据	5581
娛	5709	紟	6064	措	5559	捭	5620	掘	5616
娥	5692	紛	6019	埴	6170	埠	6248	堀	6236
娒	5686	紛	6040	捶	5639	晢	3063	堀	6178
娎	5728	紙	6047	域	5790	掀	5589	殻	4449
娧	5702	紋	6064	馬	4526	恝	4908	埶	1374
娣	5684	紡	5950	捱	5639	悆	522	掇	5604
娭	5742	統	6009	掎	5612	捨	5554	堊	6182
娞	5742	紃	6042	掩	5617	堖	6248	䩄	5496
笿	4443	紐	6016	捷	5630	捡	5543	聃	5496
娯	5709	紓	5962	接	5640	掄	5560	聇	5513
舸	2193	絲	6083	排	5533	採	5640	華	279
豞	1519	耆	4206	掓	5640	授	5567	基	6172
邠	3039	邕	5298	埱	6214	掙	5640	聆	5504
甑	1519			焉	1810	捻	5634	聊	5498
脅	1906	一一畫		莘	4825	掤	5629	聡	5513
畚	6304	彗	1415	掉	5583	埗	6226	堅	6214
堊	1710	鄭	2963	赶	628	掊	5576	婁	5664
豝	1702	春	3365	起	653	教	1583	菁	209
豣	1702	琩	143	赾	650	敎	4148	眙	2160
通	756	球	126	趄	633	掐	5634	菉	219
能	4665	琯	159	趋	635	碧	4444	著	383
圅	3206	珸	151	赿	653	掬	5565	萁	198
逡	787	理	151	赳	639	掠	5633	敢	367
務	6331	責	2901	埇	6248	埻	6200	菩	384
桑	2752	理	139	掍	5631	掖	5632	菻	257
剗	2005	珵	159	堃	6247	捽	5564	菥	385
彖	4497	琇	159	掆	5549	掊	5559	蓀	218
剝	2006	琔	123	場	6239	培	6214	堇	6258
桼	4303	玲	151	埠	6248	接	5572	靪	1340
桼	4493	彭	4221	捆	5640	捲	5619	勒	1346
紇	6063	琄	144	掅	5615	掞	5640	逭	740
紳	6063	琋	159	埵	6214	揩	5531	黄	6308
紾	6007	琅	149	捶	5620	控	5555	蔽	256
紘	6009	敊	1577	捼	5611	捥	5641	莉	247

菛	3584	菏	5105	梱	2649	殹	1480	萄	1604
菴	385	萍	5261	梣	2558	悥	5023	逹	831
萊	349	萡	326	棽	2568	脣	1896	鹵	5429
萑	197	萐	327	梏	2713	欷	4138	彨	1863
萋	278	萿	354	梅	2535	慁	5023	乘	3587
菓	385	落	272	梔	2717	戚	5810	容	597
菁	368	萌	388	椴	2659	帶	3605	盧	2250
菿	372	萊	388	梌	2725	戛	5782	虖	2250
菲	347	菅	231	桼	2809	硈	4448	彪	2258
菽	386	菀	261	麥	2475	盉	2266	虘	2249
萁	330	萴	199	梧	2566	硋	4451	雀	1719
菓	385	菮	222	桴	2638	硌	4457	齿	1659
菋	262	菉	353	桜	2562	硎	4457	削	2024
覓	4607	幕	388	梧	2677	厩	4306	堂	6178
萌	272	崔	325	梱	2644	瓠	3379	常	3608
菌	238	茲	238	梓	2560	匏	4295	眭	1652
菡	268	菑	309	梳	2657	奢	4821	戜	5780
華	386	楮	2597	梲	2675	匭	5857	敦	1541
菱	336	械	2713	梯	2671	夐	1613	郫	3039
萸	269	柳	2573	棍	2710	崔	1739	悬	5736
雈	237	桮	2724	根	2620	逑	856	賊	1637
萆	330	彬	3678	棤	2551	爽	1610	啐	551
菥	386	梵	2748	桶	2679	悤	5003	郰	2997
苺	251	婪	5730	梭	2566	殺	4491	郷	1654
冥	2121	梾	2586	栽	5809	豝	4490	戡	5790
菜	303	梆	2725	救	1554	梨	3279	晜	3091
莩	297	梗	2592	敊	1444	殊	1867	匙	3853
菜	2724	桓	2725	專	1512	峪	5323	晡	3109
葩	200	棟	2648	郪	2996	盛	2262	晌	1619
菔	210	梧	2587	戚	5298	雩	5350	晤	3065
萬	386	桓	2240	曹	2170	戛	1391	晨	3152
菟	385	梣	2964	敕	1551	頃	3853	眽	1624
萄	356	振	2725	欸	4138	曷	1363	販	141
菰	372	梧	2661	副	1997	酋	968	眺	1647
菪	387	梜	2706	區	5841	致	2496	敗	1564
菊	208	椓	2725	敢	1577	唯	1736	販	2906
萃	291	楼	2691	堅	1459	堵	5394	貶	2915
菩	227	梗	2654	娶	5709	斐	5733	貥	2928
菱	266	梢	2566	敤	3374	棻	3348	眴	1625
菸	299	程	2654	欸	2301	逍	1620	略	1649
葵	253	梩	2658	毀	1477	紫	74	眵	1645
莯	388	梼	2535	郫	3009	皆	1616	眲	1654

6905

眭 1654	略 6289	崃 4357	稅 3320	價 3760
眹 1652	蛄 6104	崚 3613	移 3266	僕 3775
眯 1646	蛅 6106	眾 3885	稆 3323	偕 3705
眼 1615	圉 4816	眔 3587	逶 783	袋 3985
眸 1652	蛉 6110	崑 4352	秫 3323	偵 3823
野 6267	蚯 6106	崗 4357	動 6348	悠 4999
啫 600	蚼 6116	婁 4358	筌 2288	側 3721
啞 548	蛇 6139	崔 4348	笘 2112	傷 3840
晶 1052	蚰 6093	帷 3614	笨 2070	僦 1544
啫 1172	蛆 6088	釜 4334	笱 2112	偶 3812
啚 2465	唬 595	崙 4353	笶 2112	偈 3840
閆 5451	累 4731	崤 4358	笘 2101	偲 3686
閉 5475	豐 5863	崢 4359	笙 2101	偔 3840
晛 3071	剭 1974	崩 4359	笛 2105	逫 821
勖 6338	鄂 3003	崡 4344	笙 2103	偭 3841
問 540	唱 544	崞 4332	笮 2087	僅 3841
婁 5730	國 2821	崒 4334	符 2082	假 3841
曼 1389	患 5001	峥 3628	笭 2099	偟 3841
晧 3075	唾 511	崇 4345	笱 1025	傀 3677
晦 3080	唯 541	崛 4360	笏 1972	徛 3696
晞 3095	晶 2465	崛 4341	笣 2112	偷 3841
晚 3078	啥 600	嵒 4507	笠 2098	偷 3842
冕 3576	唸 515	崧 3626	笵 2078	御 3787
晷 4517	喻 600	崴 4345	笥 2090	俾 3726
啄 595	唵 584	圇 2842	笈 1516	傑 3649
邎 830	晷 2121	朔 3177	笢 2070	俟 3740
逼 857	啁 580	圖 2324	第 2113	貨 2848
晙 3102	啗 507	圈 2828	笈 2095	佩 3842
畦 6282	啍 514	過 720	笯 2117	售 597
時 6288	啐 582	韭 6224	笺 2117	進 725
異 1309	唼 600	牻 490	答 2101	停 3820
唰 593	唊 580	鉆 2392	虓 2259	偻 3787
趼 991	唳 597	毯 4018	敏 1525	逡 777
跌 995	啜 506	钒 4117	偰 3673	俊 1387
跂 994	啨 4344	牨 474	偆 3758	僅 3663
距 989	帳 3615	牼 486	啊 2809	偏 3777
趾 995	崧 3614	牿 480	医 3839	鄆 3039
趹 991	崕 4366	牻 474	傑 3839	躭 3922
跎 984	剮 2011	将 474	偶 3840	梟 2717
跔 991	剠 1993	犉 490	筐 1473	鳥 1772
跋 991	崎 4357	牼 490	偃 3789	廖 4221
跀 996	崦 4357	秸 3278	偪 3840	旣 2320

附錄三：筆畫檢字表

兜 4090	豼 4502	猇 4655	訣 1215	竟 1250
皎 3636	豽 4506	猩 4655	訕 1087	竫 4847
假 3733	飥 1358	猖 4655	毫 4018	竮 4851
鄅 3010	飩 2353	猇 4627	帢 3630	翊 1708
偓 3702	貪 2914	猫 4655	袤 3616	商 1019
偋 3774	姿 5743	雀 1720	麆 4415	剤 2024
偉 3677	翎 1713	猙 4613	厝 4418	旍 3144
倭 3680	婆 4148	猝 4614	庶 4405	旌 3144
岻 5318	絮 3371	悠 5008	劇 2001	旋 3127
罕 4088	貧 2916	犀 2060	劊 1570	族 3141
奧 2047	脉 1924	舸 2047	廂 4410	旋 3137
恩 4752	脯 1937	舭 2058	麻 3373	旐 3137
卑 1837	脛 1897	舫 2060	庵 4419	望 5833
傑 3769	脈 1964	舻 2060	庀 4402	衺 3938
術 944	脂 4203	猛 4623	庨 4419	旅 1841
徛 910	豚 4498	笒 6308	庚 4397	率 6083
徠 919	脛 1917	脧 1961	廖 4400	牽 479
徬 889	脢 1908	䄙 3202	雁 4408	羚 1765
徙 760	脟 1926	祭 67	庫 4405	羝 1752
得 899	脫 1923	脑 3855	痔 3554	羟 1752
從 3860	脞 1964	訛 1206	痍 1924	羗 4683
銜 950	胎 1965	詎 1214	痏 3555	毬 4313
舸 4058	脬 1908	訝 1168	痿 3556	羕 5317
舳 4052	脰 1902	訬 1189	疵 3542	羕 5815
舲 4059	胯 1516	詷 1216	痀 3557	祭 97
船 4050	甯 1184	詠 1217	產 2792	眷 1637
舷 3378	脘 1944	訥 1171	瘩 3560	券 3628
敘 1580	眼 1965	許 1078	痎 3561	粎 1360
悆 4952	朖 1961	訞 1216	疲 3553	粘 3335
釸 2657	彫 4221	詑 1216	痒 3545	粗 3348
郪 2993	匐 4288	訛 1216	痹 3565	粆 3361
瓾 5871	郫 2986	訴 1135	痕 3556	秴 3278
欷 4137	厖 5443	訟 1216	廊 4414	粕 3360
敛 1557	魚 5359	詝 584	康 3278	粒 3349
毫 1955	象 4510	詾 1192	庸 1603	卷 3350
悉 459	逸 4604	訟 1192	鹿 4590	剪 1986
欲 4126	翎 1704	欷 1217	粱 3262	剳 2024
飢 1374	猜 4622	設 1148	褒 3942	敝 3640
敍 1859	惷 4965	訪 1098	麆 4824	烟 4724
彩 4224	匑 4292	訧 1119	羕 2550	焆 4707
覓 4117	猗 4613	訨 1111	章 1243	焎 4724
猌 4506	猲 4616	意 4935	剖 2024	炮 4708

6907

烰	4681	湊	5275	悼	5004	鄆	2983	弴	5874
埜	4755	淮	5096	惧	5024	啟	1520	強	6095
烺	4731	渒	5275	惕	5008	屜	2968	奨	4619
焼	4672	淦	5123	惏	5010	袿	3985	隋	1928
焌	4672	淥	5198	悰	4965	祮	3985	鄅	2966
清	5156	淪	5147	惟	4928	袺	3971	族	3530
孟	2286	淯	5275	惀	4934	袱	3985	艄	2046
渼	5193	淫	5168	悆	4955	袾	3965	將	1498
渚	5115	淨	5102	惆	4987	袷	3955	欸	1761
淩	5100	渂	5124	惛	4968	衸	3949	敍	1488
淇	5084	淰	5229	悻	5026	祴	88	隆	2795
淇	5274	溯	5195	悋	4998	祺	91	婧	5707
渚	5193	淊	5209	惚	5024	袿	88	婞	5725
渃	5274	滔	5174	悙	4904	酒	2711	婭	5742
淏	5274	涼	5230	悴	5000	振	87	娸	5663
淔	5123	淳	5243	惓	5024	祩	4631	婼	5725
淋	5246	液	5233	惔	4997	視	4101	媌	5702
淅	5224	淬	5236	悰	4908	祜	78	媡	5743
凍	5047	涪	5048	惛	5025	祲	89	姱	5743
減	5137	淕	5123	惋	5025	祖	84	婹	5733
涯	5265	淤	5229	悚	4945	算	1284	婡	5743
渏	5275	渻	5080	悷	4950	诸	856	婕	5693
淹	5064	淡	5232	惙	4997	逭	856	婌	5743
淶	5122	淙	5151	密	4360	逸	856	婥	5735
涿	5206	涫	5223	寇	1567	逤	856	婐	5706
淒	5203	淫	5153	宧	3481	畫	1454	婗	5743
渠	5186	淚	5275	寄	3463	逯	791	婸	5743
淺	5170	深	5091	崒	3459	逮	781	婣	5723
淑	5155	渧	5276	逭	798	貫	2928	婚	5714
淖	5172	淈	5123	宿	3452	毃	1859	娼	5692
婆	5707	堊	6248	窒	3499	馬	4579	婔	5735
淲	5137	溫	5159	窒	3513			婗	5672
淉	5124	婆	5744	寀	3521	尉	4691	婎	5728
混	5133	梁	2695	窕	3516	屠	4029	婢	5686
渨	5098	淥	5225	鄈	2995	扇	5345	婬	5734
渱	5275	淄	5276	窓	3521	屋	4031	婣	5694
涸	5213	情	4869	窜	3480	扉	4029	婚	5665
泚	5275	悵	4987	窌	3527	屢	4045	婉	4607
渣	5223	惜	4991	袞	3481	張	5875	婞	5744
渦	5275	惏	4966	寅	3481	弶	5874	婒	5744
湆	511	悽	4989	密	4335	鮑	4279	婠	5702
湎	5123	悱	5015	案	3272	弸	5885	婉	5703

附錄三：筆畫檢字表

媒 5721	絇 6067	雁 1727	貰 2858	蛬 6116
婦 5668	絁 6025	棨 2618	堤 6191	揓 5642
媡 5728	絑 6059	喬 3183	提 5552	裁 3928
脔 1965	紭 6009	絮 6050	塥 6215	達 787
袈 3969	紬 5997	款 4124	揚 5584	報 4818
媛 5726	紹 5958	卿 4475	場 6232	揗 5564
絜 6048	紱 6022	駐 4475	揮 5527	揟 5584
挐 5959	紿 5947	趺 4475	埵 6249	揇 5604
翌 1711	巢 2808	趵 4475	博 1044	控 5643
習 1688		跂 2156	堝 6166	揆 5643
翏 1707	**一二畫**	堯 6256	塭 6249	軰 6171
翊 1713	臺 4031	幫 3628	揾 5627	揮 5612
欻 4134	貳 2886	畫 6094	揭 5589	壹 4807
郯 2987	㮣 1974	堪 6177	堨 6177	揙 5626
乔 2751	絜 6056	揎 5613	載 6094	壺 4805
剫 2024	琫 135	堞 6207	掘 5642	壼 4807
貫 3202	琵 5824	揲 5539	尌 2225	摡 5617
鄉 3041	琴 5823	塔 6241	喜 2218	握 5549
絑 6065	琶 5825	揠 5609	彭 2226	揹 5643
紅 6040	瑛 125	堰 6248	揣 5576	堉 172
紺 6004	琳 127	塝 6172	㦰 1950	揹 5617
紲 6043	琦 159	塡 6249	揹 5616	鄢 3034
絎 6065	琢 139	馭 4579	插 5560	揆 5596
絨 6066	琖 155	馴 4526	揰 5642	搖 5578
絨 6022	琲 156	鄢 3006	搜 5631	揉 5643
組 6013	琡 156	馭 912	揉 5620	惡 4979
組 6026	琥 131	摵 5612	塊 6171	掾 5555
紳 6011	琨 146	項 4173	煮 1361	聑 5513
細 5963	琠 121	揩 5643	埃 6250	聒 5506
紬 5991	琟 144	戟 5422	揗 5565	某 2678
紾 6010	琟 160	葛 4295	硰 4450	期 3168
絅 5978	珊 160	損 5641	揗 5555	欺 4146
紱 6026	琱 139	蛩 6112	壺 3994	惎 5009
紂 6052	斑 165	越 629	揄 6250	聚 4731
絈 6066	琰 132	趄 650	揄 5593	荺 246
紷 5974	琮 131	趌 653	撐 5567	葉 389
紙 5931	琯 2104	趁 651	援 5605	葚 269
絢 6035	琬 131	趁 632	堠 6172	葉 274
終 5981	瑯 160	趑 639	軋 1371	軒 1345
絃 6067	琛 155	趒 650	拋 5642	軒 1336
絆 6042	琚 143	超 625	換 5631	軺 1338
紵 6054	琢 160	掳 5642	畬 1626	靮 1351

菖	240	蒅	2725	椅	2560	皷	1519	甌	2093
萋	267	蒂	393	椓	2706	惠	1832	焗	4805
葴	240	蒫	393	棲	5422	盉	2286	焢	4804
葳	389	葥	221	棧	2670	惷	4938	猢	4492
惹	5016	鄀	3008	棑	2725	甦	2797	甤	2797
蒄	269	落	297	椒	2726	欹	4121	敦	1577
葬	414	湞	347	棹	2727	惑	4967	毀	1477
遴	857	葎	364	棡	2692	剻	3617	殖	1873
貰	2891	葙	393	楇	2692	逼	844	殗	1874
赦	311	萱	213	椎	2727	鄙	3040	欼	1881
蔽	241	營	213	棶	2676	腎	1897	殘	1871
葥	389	董	209	棯	2597	掔	485	裂	3968
萴	242	萹	217	椎	2673	掣	5584	殧	1865
鄓	2994	葙	206	椑	2666	堊	5428	雄	1736
蔓	240	惪	4881	椛	6023	覃	2449	殍	1865
葺	319	戟	5780	棆	2557	覝	4109	殔	1868
曹	357	葚	287	楙	1608	棗	3220	殖	1867
葐	390	葭	348	棌	2727	棘	3221	雲	5353
葛	262	喪	617	逼	803	粟	6067	雰	167
葩	222	葦	348	棚	2670	雄	1734	雱	27
菁	391	蒣	234	棡	2558	廊	2982	骑	970
蕙	391	葰	215	榙	2625	翼	4830	雅	1714
萼	389	莫	393	楀	2557	晿	1688	輋	672
菡	339	葵	204	椆	2727	硤	4457	晉	2168
萩	259	菜	393	椋	2558	硻	4457	琼	4154
董	391	葰	288	椁	2715	硯	4455	琦	5422
葭	392	棒	2725	梗	2727	硝	4448	琟	5421
葆	361	根	2671	棓	2672	硪	4449	棄	1819
蕇	2500	楮	2582	棱	2678	碰	4457	棐	2717
蒐	242	棱	2706	椓	2727	確	4449	辈	485
葎	339	椒	2709	棬	2727	硍	4448	斐	4231
葩	276	梧	2565	棪	2558	厤	4429	悲	4990
萬	222	植	2645	棺	2714	雁	1732	惄	4947
葰	215	森	2748	椌	2689	敧	1444	惄	664
葎	246	椒	3373	椀	2728	匪	5857	崔	1744
葡	392	替	2749	楗	2650	毓	4805	紫	689
葵	279	琴	2747	棣	2577	欽	4148	蚩	6121
葐	392	梦	2748	椐	2563	厥	4423	皆	689
資	238	焚	4731	極	2639	猒	4627	摯	1758
敬	4295	棟	2638	迦	821	焱	4653	尰	672
葱	393	械	2562	椴	2558	靭	4813	紫	6002
葳	291	椋	2725	甈	2779	尞	4673	崒	672

崞 664	貶 2919	跌 987	喘 511	嵯 4343
敨 1583	貶 2870	跗 996	啾 503	嵛 3617
殽 1486	貽 2926	跑 989	喤 503	嵫 4361
覘 4109	晚 1619	跎 995	喉 500	崞 3613
媷 1865	睎 1955	跰 985	喻 601	崿 3628
睿 5323	睨 1654	跛 987	唧 1018	嵃 3628
㞥 2252	睇 1651	晦 6279	喁 601	崺 4361
虚 3882	睆 1617	蛄 6093	喚 597	幃 3619
覷 2258	鼎 3227	蛦 6088	喑 504	陵 4339
虞 2253	晬 3110	蜊 6110	啼 601	淼 5264
鄒 2987	㝡 5807	蛭 6093	嗟 602	楸 4151
羡 1264	喋 600	蛐 6125	嗞 584	巢 6142
羢 3641	啪 600	蛔 6115	喧 603	盟 3184
甞 425	閏 110	蛛 6147	喡 503	黑 4737
敞 1542	開 5463	蜓 6092	嘅 585	胃 3164
殽 1488	閑 5474	蛔 6088	喔 595	圍 2838
堂 657	猒 2160	蛞 6109	量 3903	氎 4154
棠 2552	閔 5449	蜕 6115	喙 499	骭 1888
甞 5869	晶 3147	蛟 6112	嵌 4350	骫 1892
㝎 672	閒 5468	蛘 6112	幅 3605	甥 6319
掌 5522	晹 3071	蛢 6106	剀 1975	桂 2039
晴 3110	閔 5486	蟬 6115	凱 2238	鈷 2393
喫 597	閖 5489		幀 3628	缾 2391
暴 2667	閌 4681	甹 1607	㪇 740	短 2412
映 1616	悶 4986	蛑 6132	署 3591	智 1678
暑 3091	關 5489	睃 6295	買 2907	毳 4018
睹 3063	遇 749	甡 1932	幀 3628	犅 470
最 3579	晄 3090	敘 1538	罯 3587	犺 4095
敘 1577	影 4517	鄓 3004	罣 3591	猄 474
晰 3110	敳 1561	勛 6322	罥 3597	犉 475
睅 1617	遏 818	喝 575	崵 4332	犍 489
睨 1618	晷 3077	遑 756	崫 4329	逎 783
量 3903	景 3073	喁 596	崛 4360	剩 2024
副 1986	晬 3103	喕 579	崿 4360	筥 2117
晹 1637	暈 4493	喝 585	崟 4361	稦 3323
眼 1645	喈 594	啞 552	嵬 4314	稉 3264
睎 1643	䎃 1018	啁 514	幅 3622	稊 4353
貼 2926	跐 986	單 612	崳 3616	稍 3302
唵 3080	跙 974	晶 1009	嵈 4345	稈 3278
貺 2926	跋 986	喦 1002	峻 4361	程 3318
睜 1651	跋 977	喦 4343	嵐 4351	稞 3259
貯 2886	畔 6305	冎 616	嵸 3613	稍 3279

稃 3323	敜 1580	粵 2206	創 2033	猾 4655
稌 3264	鳥 1809	虙 2259	飢 2357	獀 4611
稀 3248	晷 3352	遁 771	飩 2357	猴 4647
黍 3333	牋 3227	街 946	飪 2333	猲 4613
稅 3301	貸 2867	衕 957	飯 2338	猶 4646
稃 3278	蜑 6119	俐 920	飲 2356	猩 4653
穊 2805	順 4181	徎 882	雅 1732	猵 4653
黎 2534	惸 1647	衙 949	欻 1570	觛 2058
稊 3323	條 6022	御 912	腈 1965	觚 2059
稂 199	堡 6250	徥 899	脼 1943	觝 2060
運 6348	倐 3842	復 867	腌 1951	觸 2059
喬 4794	傑 4151	循 877	朘 1965	猭 4656
筐 5853	傀 3842	偷 919	腓 1918	欻 4141
筓 2086	傒 3843	御 919	腜 1965	愁 4996
笄 3039	傖 3843	徧 890	胼 1932	嫗 4435
等 2075	傑 3662	假 891	腄 1925	禽 2496
筑 2106	傲 3843	徫 919	腪 1915	飱 2340
筅 2117	集 1771	徠 873	脽 1916	然 4673
策 2099	焦 4702	須 4215	脾 1898	惢 5043
籤 1005	偪 3843	舾 5318	胎 1955	貿 2895
筒 2104	傱 3788	艇 4058	脖 1966	登 2241
筥 2089	悠 4994	舲 2387	腋 1966	晉 1202
筴 2101	傍 3749	舒 1843	腑 1966	鄒 3010
筳 2087	傔 3818	番 6278	脺 1966	証 1131
筵 2088	倒 3675	鈙 1577	脞 1948	詁 1217
筋 1970	俗 3675	欽 4119	勝 5327	訯 1217
筴 2101	偏 3686	逾 738	勝 6340	詍 1181
筍 2064	傜 3783	觜 6114	腇 1966	詰 1130
筝 2093	逞 844	翕 1705	腔 1961	詸 1173
答 2093	剩 2015	殽 1484	腕 1966	訶 1193
签 2096	尵 1665	飽 2356	腱 1972	評 1217
筆 1446	鳧 3890	飩 2339	腒 1948	詛 1177
碩 4163	躬 2395	飡 4149	腏 1955	詀 1177
傲 3684	臬 3361	番 455	脅 1961	訣 1094
傊 3842	鄒 2997	嵞 3095	睍 4110	説 1217
傋 3842	軦 5399	效 4683	鈇 5378	詞 1203
俾 5642	甄 5870	爲 1363	猰 4653	詄 1184
備 3697	彪 4303	豜 4506	欲 4138	詐 1189
傎 3842	鄔 2987	豾 4506	猲 4655	訴 1194
傅 3709	梟 4303	狕 4503	猩 4614	評 1166
傌 3842	甊 1001	貂 4504	猲 4612	診 1205
傆 3730	能 4956	舄 1850	猥 4614	詅 1218

詆 1203	痒 3544	睿 3110	滑 5164	惕 4964
詢 1209	痆 3561	欻 4133	淵 5159	惆 4947
詑 1183	痞 603	焱 4752	湫 5217	愠 4978
註 1218	痾 3565	勞 6350	渾 5253	惺 5026
訑 1173	痛 3534	煠 4732	溲 5224	愓 4948
詖 1218	瓨 5870	煾 4732	湟 5076	愕 5025
詠 1164	叡 1965	湊 5199	涼 5278	愉 4997
詞 4249	滄 5332	湆 5277	淑 5278	愀 5026
詘 1202	粢 2334	湇 5277	渝 5257	惲 4903
詔 1126	竦 4847	湝 5153	滓 5203	愎 5026
詖 1095	童 1253	湛 5199	湲 5263	惶 5008
詋 1218	戠 5808	港 5264	滄 2341	愧 5735
詒 1175	瓿 5870	渫 5246	渙 5134	愉 4952
詗 1218	啻 1092	湖 5183	渢 5278	惆 4948
馮 4557	竣 4848	湳 5123	盜 4152	悳 5026
溧 5332	竣 4850	渿 5207	淳 5278	憎 5027
渾 5332	菑 565	湘 5090	渡 5195	愫 4935
就 2440	鄩 2997	溙 2695	游 5196	愃 4927
鄙 2994	旇 3124	渤 5277	湆 5215	恪 5027
高 2420	雄 1719	湮 5201	渧 5278	惲 4903
敦 1561	棄 1819	湅 5256	游 3133	慨 4905
悳 4881	鄙 2985	減 5257	溠 5086	惘 5014
奠 5824	善 1228	湏 5238	淯 5056	愇 699
眉 2093	羢 1754	涵 5230	滋 5174	惰 4939
廂 4415	翀 1752	滐 5223	渾 5153	惕 5027
哀 3985	翔 1709	渻 5278	津 5193	愮 4994
廁 4398	艶 4279	湝 5136	渥 5211	愺 4982
厫 3465	紫 6036	湞 5095	渨 5235	惱 5735
屬 4412	粦 4737	惉 5015	湋 5151	割 2006
庳 4419	粧 3361	渻 5171	湄 5188	寞 3413
廈 4419	奠 2135	湜 5158	湑 5229	寒 3466
庬 4419	道 813	渺 5277	滁 5263	富 3418
廁 4420	敵 5732	測 5151	湨 5182	窒 4706
斌 4231	道 831	湯 5220	湥 5278	馂 4117
痣 3565	遂 803	湡 5204	湪 5279	寔 3405
痡 3540	鄴 3040	湡 5115	愜 5025	寓 3465
痧 3559	菩 3366	溫 5057	愷 4985	意 4935
痰 3559	曾 432	渴 5214	惎 4941	寖 3454
痙 3557	焯 4708	湡 5203	愊 4906	寓 3398
痾 3544	焜 4713	渭 5067	惰 4958	寞 3501
痟 3542	焞 4708	湍 5151	恄 4941	窬 3482
痤 3548	焠 4701	湮 5278	惻 4991	窖 3510

窗 4751	関 5489	媿 5735	絥 6040	瑜 122
宧 3527	閔 5462	媮 5725	綖 6067	瑗 128
寧 3527	晳 1417	媦 5710	紙 5939	瑛 161
寪 3516	遐 846	媛 5719	紙 5978	瑃 161
窒 3509	犀 4031	媃 5744	絟 6054	瑳 136
竉 3482	犀 486	媄 5698	給 5978	瑄 157
寏 3399	屆 4029	媥 5691	絒 5986	瑕 137
寖 3396	屖 4035	婣 5745	絥 5931	瑋 161
宵 1605	䍿 2505	煓 5710	絢 5994	瑂 145
寍 3400	弸 5904	媬 5729	絲 5997	赘 4332
寪 3482	費 2898	媁 5728	絡 6068	遨 857
寐 3528	慈 4951	媚 5698	絡 6046	媭 5733
痾 3530	粥 1358	婿 172	紗 6043	瑤 135
運 769	巽 2134	賀 2860	絅 6035	琢 136
扉 5436	彌 5907	羾 1704	絞 4804	斀 6078
榮 2691	羿 2134	登 673	統 5942	瑙 161
啓 3071	違 785	發 5898	絣 6059	邁 751
雇 1733	靱 2511	皴 1519	絲 5994	勢 2008
冢 3380	漿 192	翔 4513	絕 5950	鷔 1396
補 3969	婆 5744	喬 1018	紃 6068	葉 2813
褆 3973	陵 5727	勪 3626	絲 6081	惡 4897
裖 3930	叙 1407	弮 4345	幾 1829	頑 4178
裎 3971	靮 4825	媄 5708		魂 4302
裞 3983	艸 409	歂 4149	**一三畫**	髡 4238
裕 3968	㮤 3361	㲲 4496	勦 2040	髢 4236
祝 3983	媒 5663	繪 2357	觩 2044	肆 4476
裙 3613	媼 5709	頌 4199	惷 4968	規 4118
袎 97	媟 5721	嘗 1096	瑟 5824	搢 5643
祺 57	婿 4958	綖 6067	瑇 160	摸 5644
裸 81	媛 5733	緻 6067	瑑 161	摺 5633
禍 90	婠 5725	紙 5939	瑚 151	搷 5644
祹 88	媞 5708	絓 5931	瑞 125	搏 5544
祿 43	媚 5722	結 5975	項 4185	逋 798
鄂 2985	媧 5744	組 6018	揩 145	搞 5551
玺 3573	媼 5676	綈 6044	瑒 133	彝 4533
硯 4117	娘 5744	綺 6020	瑁 133	馱 4578
遅 831	媚 5684	經 6054	瑞 134	馴 4569
尋 1508	絮 6045	絼 6047	瑝 143	駉 4533
畫 1452	媗 5729	綑 6067	瑰 149	駇 4557
書 1454	媜 5665	綵 5996	瑪 143	馳 4562
敔 1859	娵 5744	綎 6018	瑔 161	搣 5564
閒 5460	嫂 5685	結 6028	瑣 161	揪 5618

附錄三：筆畫檢字表

鄢 3002	塝 6251	蔣 408	蒹 252	楷 2661
趌 651	摘 5554	蓽 1333	蒴 396	椶 2728
趌 639	塘 6240	蔈 280	蓟 253	椆 2728
趌 652	搒 5627	巷 3048	蒲 234	楊 2568
趍 651	墠 6170	蒖 354	蒞 396	想 4934
趙 634	搕 5563	蒔 293	蔆 221	楫 2697
趣 633	搗 5582	墓 6227	蓉 372	楣 2649
越 634	搈 5584	暮 1098	莘 327	楬 2716
趑 653	㲉 593	幕 3615	蒙 350	椳 2648
趔 653	塚 6251	募 3198	蓂 262	棍 2728
赶 639	榖 5897	蔄 390	蒮 345	𣗎 2600
趑 650	塓 6238	萱 204	蒐 242	樱 2728
搋 5604	摧 5620	蓺 206	韩 3034	楯 2671
塒 6200	搦 5612	夢 3190	幹 3123	楞 2728
達 1397	堊 1470	蓈 2039	嬰 5709	楸 2561
損 5596	㥄 2292	蓮 284	弱 236	榎 2670
塤 6250	虡 2258	葙 318	陳 396	椴 2729
戡 4776	聖 5499	蒨 394	蓀 373	樔 2729
遠 824	聘 5511	蔽 286	蔭 284	槐 2580
搁 5616	碁 4458	蓿 240	蒸 338	柄 2559
鼓 2234	葵 287	蒦 1744	蔫 409	槈 2729
鼓 1573	戡 5796	墓 265	菌 253	槌 2667
戡 3032	勘 426	蒩 394	荔 221	楯 2648
塏 6218	歆 4138	藐 196	腠 1955	晳 3637
搽 5642	蒜 342	葵 394	楔 2651	榆 2591
㭅 4757	蒲 393	蒼 289	椿 2728	齊 2467
䄎 4761	蔂 388	蓊 394	欵 4124	剺 2010
搗 5645	蓍 255	葿 394	楳 2535	剹 4260
塢 6251	蒽 392	蒯 2024	椹 2728	勠 3024
搔 5613	蓋 319	菊 252	楪 2728	榔 2634
裘 3986		葡 394	榙 2597	爽 1610
絮 6033	葢 393	蓬 359	禁 91	楥 2670
搬 5644	鄞 3007	蕾 394	楚 2744	樱 2559
搯 5532	蓮 254	蒚 395	椵 2566	楓 2578
搶 5644	靳 1344	蒿 358	福 2710	楸 2729
塡 6189	靲 1348	蓆 315	叡 2598	楲 2630
搖 5583	朝 1351	蓑 395	棟 2586	榕 2643
搑 5606	卿 1339	唐 395	械 2665	榹 2718
塙 6170	靰 1345	蔀 395	槭 2656	槎 2707
搞 5645	靶 1344	蔎 395	榉 2707	楢 2557
塺 6251	蒿 237	蒟 269	楷 2550	椽 2565
搋 5643	蕨 336	蓄 367	楨 2629	椏 2713

楘 2697	碇 4449	鄔 3033	暍 3091	蜺 6106
楎 2658	碌 4448	業 1259	閔 5467	蜎 6114
楄 2710	碎 4451	掔 5527	開 5460	蛾 6105
椵 2565	碌 4456	當 6291	黽 6144	蛻 6111
椏 2653	甀 5870	睛 1654	鄭 3000	蜉 6111
楣 2649	夆 123	睹 1622	愚 4953	蜉 6130
樟 2557	猻 4490	睦 1626	暖 3110	蜋 6106
楯 2645	猰 4493	睚 1653	冒 1655	畹 6283
楯 2557	狠 4491	睞 1647	煦 4681	蛹 6088
楹 2642	頊 4192	睫 1654	歆 168	畷 6288
楙 2557	殟 1866	惢 699	歇 4122	豊 2241
楸 2747	儢 4804	噭 584	暗 3080	尉 4974
楸 2550	殣 1865	賜 1637	晞 3077	嗣 1006
椽 2644	匯 5859	崃 3110	膡 6172	喿 1002
蛋 6130	鄂 2967	睡 1644	暄 3111	嘩 594
裘 3988	電 5337	睨 1620	暉 3077	鳴 603
蜸 1658	零 5342	睢 1624	量 3103	嚦 593
剽 4210	雹 5342	睥 1655	暇 3084	嗂 554
匯 5857	雺 5350	賊 5782	暗 3111	嗃 597
置 6305	預 4199	睔 1617	暐 3111	嗙 581
酬 1356	犅 970	賄 2846	號 2197	嗌 503
碧 4448	頓 4185	貲 2928	照 4708	嗛 505
督 1617	督 1639	賂 2869	畸 6278	猷 2160
剿 2009	甃 1519	毇 5584	跬 996	嗤 604
甄 5865	歲 680	睜 1624	跱 996	斮 339
賈 2902	葉 1747	睉 1655	跨 980	歆 4131
頍 4179	媢 657	睦 1619	跳 989	崒 4366
鱣 1583	貲 2919	睩 1647	跧 979	崵 4361
蜃 6114	觜 2051	暗 1637	跆 986	崱 4367
厓 4434	訾 1181	掔 5526	跳 985	署 3591
感 4994	甗 2181	嗜 580	跪 975	罩 4813
碩 4174	塞 6216	嗑 581	路 991	置 3594
盟 3184	楽 3209	嘆 593	跟 973	罧 3589
慂 5001	粲 3344	嗔 551	園 2830	罭 3599
碚 4456	廣 2252	鄙 2955	遣 779	睘 1621
硿 3040	廎 2245	間 5466	跣 997	罨 3586
碕 4458	廤 4493	賜 3071	踊 997	罪 3588
扅 4429	虞 2245	尃 508	螃 6111	罩 3587
碏 4455	鄘 3008	間 5490	蜄 6122	罬 1658
硾 4456	叡 1396		蜬 6107	罝 6220
碓 4454	虜 3203	閒 5466	蜷 6093	遝 739
碑 4444	庸 2253	閔 5490	蛸 6106	瞿 1738

附錄三：筆畫檢字表

蜀	6099	氃	5870	僈	3843	覞	5318	朦	1950
羀	3590	摰	5582	傦	3844	艂	728	腰	1967
嵲	4361	摯	2505	催	3795	艅	4059	腜	1948
嵮	2025	愁	4998	傱	3844	幣	3604	祭	97
嵞	2969	筈	2108	賃	2917	罊	5714	脥	4498
嵩	4351	筠	2111	傷	3791	盇	4365	腸	1902
慊	3614	笘	2086	僞	3844	鉤	1027	腥	1949
慘	3626	筮	2085	傶	3689	鉛	2658	腡	1967
慄	3617	筐	2455	粵	2798	弒	1491	腮	1967
愼	3614	筱	2064	像	3809	毹	4017	腨	1918
圓	2818	筰	2096	儋	3787	歃	4148	腫	1926
恩	459	筅	2069	傺	3844	愈	5029	腹	1913
賎	1885	筝	2087	傭	3687	僉	2362	朕	1967
歂	4139	筋	1972	傢	3845	會	2370	腤	1932
耆	1616	筦	2087	儩	3845	飴	2357	腳	1917
毼	491	筤	2093	躬	3494	覤	4117	脺	1968
靖	2420	節	2066	鄂	2994	番	5516	勝	3622
榘	2152	筌	2117	裊	3986	頎	4232	媵	5745
矮	2418	箌	2095	覓	1491	孳	5520	膝	1931
雉	1720	躲	6040	髻	1799	遙	849	脤	1967
頌	4191	與	1315	魁	4303	愛	2485	詹	439
盌	168	債	3819	魀	4306	盜	2286	雎	1727
䫻	6249	愆	1324	敫	1848	貆	4505	奠	4603
蜑	6125	傿	3777	歆	4137	貊	4506	魝	5378
歇	4138	僅	3743	軾	1580	貅	4503	劍	2016
稙	3246	備	3843	臂	1937	貉	4504	叜	2108
稜	3323	傂	3843	奧	3395	貄	4507	雛	1721
稘	3321	傳	3770	僧	3845	狼	4507	勦	6348
稙	3244	傮	3812	僇	3806	餃	2358	肄	1444
遜	714	傴	3804	傪	3685	餘	2356	猿	4656
稦	3271	僄	3785	頒	4199	餓	2350	獂	4656
稆	3110	毀	6218	槃	3324	飴	2343	鳩	1779
稞	3278	晨	1326	徴	920	飵	2343	颭	6137
稠	3277	舅	6318	衙	949	飾	3618	獀	4614
稚	3323	鼠	4661	遞	756	飺	2352	觟	2051
稗	3265	牒	3224	徨	919	卿	2343	觛	2059
稷	3324	牖	3224	微	879	飽	2343	觚	2058
稔	3299	傾	3720	徟	5512	飶	2343	觓	2051
稠	3247	傔	3227	徯	889	飴	2333	觡	2051
智	1655	牑	3226	衝	950	頒	4176	解	2051
稃	3321	肇	1765	徬	889	頌	4161	腥	1966
稭	3325	僂	3805	慫	4966	膜	1893	腊	1922

腯	1967	詻	1095	鳶	4584	煟	4732	潞	5228
叡	1126	詤	1177	資	2850	煖	4721	準	5218
膶	500	諍	1165	裔	3949	熗	4732	滪	5115
鄒	2982	詨	1219	靖	4847	煥	4727	塗	6236
詧	1109	該	1210	誖	4850	熒	98	溢	5280
遛	857	詳	1103	觜	4851	鈷	4737	滔	5131
煞	4732	訕	1177	鄗	3019	瑩	6226	溪	5280
頏	4179	詫	1219	韵	584	縈	5396	滄	5236
誅	1208	肆	1219	歆	4147	嫈	5723	滃	5203
試	1133	詪	1186	意	4877	煇	4712	溇	5280
訮	1183	詡	1146	睥	4850	煒	4710	盞	327
註	1181	裏	3933	剷	2024	燊	4701	溜	5095
註	1188	裒	3973	敦	4844	奠	2500	滴	5207
詩	1087	稟	97	肆	4844	溱	5091	漖	5102
詰	1200	亶	2464	錄	4850	溦	5096	溘	5280
詬	1194	稟	2460	旒	3131	溝	5184	滂	5137
詤	1218	棗	5825	旗	3144	瀧	5248	溢	5234
諫	1199	敫	1570	羥	1754	渚	6208	溓	5212
誇	1185	廉	4419	義	5815	溢	5265	溯	5196
貳	1218	廈	4414	羨	4151	漠	5124	滋	5199
		庫	4420	登	2240	潛	5279	溶	5156
誠	1120	瘃	3544	豢	4492	滇	5061	滓	5229
証	1219	痲	3553	肴	2044	漣	5146	浸	5280
詠	3414	痳	3544	粲	3325	溥	5128	溟	5204
訐	1183	瘃	3555	糒	3361	涡	5234	淮	5211
詞	1148	痱	3548	赾	3361	溧	5090	溺	5064
誅	1206	瘍	3559	程	3361	溽	5172	滍	5098
詋	1071	痹	3554	粽	3361	滅	5259	滁	5210
話	1143	瘤	3565	煎	4688	源	5307	梁	3341
誕	1185	廓	4421	猷	4656	塗	6181	涵	5209
詬	1181	痿	3548	慈	4914	蜑	6122	傲	5027
訴	1209	痿	3554	煁	4684	滃	5289	慔	4941
詮	1135	瘁	3565	煜	4732	涇	5215	愽	5028
詒	1141	瘀	3547	煙	4706	滇	5124	慄	5028
誂	1184	痛	3566	煉	4699	漭	5279	愩	4996
訟	1192	廉	4400	煩	4193	温	5279	愷	2237
說	1192	廁	4420	煥	4722	滉	5279	愷	4896
詜	1189	褊	4232	煬	4690	滇	5098	慊	4987
詭	1201	廊	3005	煴	4707	溷	5159	宵	3171
詣	1168	頏	4822	煜	4710	澂	5207	慅	4935
詢	1212	麀	4600	煟	4684	溧	5279	慷	4916
詢	1192	麂	4595	煌	4712	滌	5235	惱	4945

愴	4987	裿	74	隑	6223	綃	5931	撕	5582
慎	4887	禎	97	嗀	2776	綑	5925	塼	6251
愕	2195	禎	48	陞	5396	絹	5994	搏	5616
慉	4935	禔	59	媾	5686	綆	5960	摳	5527
慊	4967	禓	89	媳	5727	綉	6068	堀	6252
慆	4998	褋	97	嫄	5692	綈	6052	摼	5621
窞	3430	褅	81	媗	5663	綌	6053	摽	5578
塞	6211	褅	87	媤	5671	綏	6059	馱	4543
寞	3482	頎	4174	媱	5704	綄	3576	馴	4574
寘	3479	遉	857	媝	5745	綈	5989	駎	4571
寔	3471	遆	857	媛	5686	綋	6069	駉	4569
寐	3482	剬	1452	媰	5672	綬	6024	駁	4533
寙	3482	閍	5489	嫉	3788	尉	831	駅	4579
寊	3483	問	5489	婧	5699			駧	4544
窠	3503	閑	5468	嫌	5725	**一四畫**		馱	4543
窨	3510	肅	1444	嫁	5664	耤	2038	駍	4577
窬	3527	肅	1444	婷	5745	瑵	162	搣	5634
窣	3516	蕃	1452	媦	5703	璚	143	撏	5565
窟	3527	預	4174	婉	5744	瑱	135	摣	5633
窡	3511	羣	1756	媲	5709	璉	162	搹	5634
窬	3527	粲	2660	嫋	5703	璘	136	頣	4200
窗	4935	慇	4939	翯	1733	瑣	142	趙	640
寖	5114	屓	4043	畬	5863	戩	6131	趖	638
寠	3454	鄔	2978	巽	1708	碧	145	趣	633
寐	3529	屣	4035	鄧	3033	瑪	144	踊	652
寬	4118	殿	1478	勠	6348	瑢	142	趠	651
甋	5870	屧	4825	戣	5780	瑤	147	墟	6253
嗇	1630	辟	4283	慾	5030	瑠	162	塼	6223
褚	3981	遲	782	預	4198	葵	4619	墓	5733
褌	3986	屖	760	粲	2691	熬	4689	塿	6223
裺	3974	屙	4035	摯	491	愿	5030	搜	5582
褋	3935	敱	1577	彙	4495	熒	5738	嘉	2229
裸	3971	瞖	3111	綖	6068	覡	4104	臺	5417
裼	3971	擎	5645	綎	6068	嫛	5708	摧	5534
禆	3965	慇	4992	綃	6069	髡	4238	赫	4758
裿	3935	彈	5897	綠	5978	髦	4235	𢧵	4758
裯	3939	骟	5893	綏	6068	髣	4237	墍	6182
裷	3986	靹	2512	緺	6068	髧	4240	鳴	1734
裾	3943	敦	1561	綆	6044	盩	2287	壽	1705
祺	87	裝	3971	綀	6062	捧	5529	誓	1129
福	51	遜	771	綊	6040	撞	5572	摭	5645
禋	66	犛	2497	經	5932	墐	6181	摠	5645

犎 3604	鞄 1337	褞 3974	樺 2730	賨 4168
摣 5602	靽 1351	葦 245	榭 2717	堅 6224
墉 6206	靰 1349	蔟 336	樗 2731	嫛 5672
墇 6215	靹 1336	蔽 298	槥 2563	厰 4422
境 6239	靲 1351	薄 217	槐 2645	厲 4428
撹 5620	軋 1351	菱 251	櫃 2663	遷 783
摘 5581	靴 1343	藻 236	椴 2568	鋮 3177
墊 6207	靸 1343	黃 239	覡 2157	賒 4184
墊 5714	靴 1342	蜜 255	斵 2478	厭 4431
搢 5604	靸 1343	榦 2635	敷 2477	碩 4175
毂 164	曹 354	乾 4017	榣 2621	碤 4443
穀 2582	勪 189	棗 2768	槍 2649	碭 4442
毂 4647	蒟 237	熙 4726	槓 2619	碻 4444
摦 5645	堲 256	蔚 257	榪 2575	碝 4458
壼 1867	蕈 277	竸 4084	榱 2644	磋 4458
慤 4895	蒂 282	蝦 1031	樀 2731	磋 4448
壽 3997	蠆 397	隋 282	榜 2677	碬 4444
摛 5646	蒜 503	蔣 266	榰 2731	䶱 4206
摺 5582	蕡 397	蓼 206	槏 2646	䶱 4206
摎 5618	塋 6251	蔞 221	梓 2560	願 4906
竭 2292	菌 241	蓼 397	榠 2731	焰 4232
摻 5646	夢 1867	蘭 374	權 2692	爾 1609
摻 6253	慕 4942	榛 2562	憲 1836	剮 2025
蛋 6112	暮 3111	構 2637	殼 1474	劈 6334
摜 5576	摹 5615	榪 2729	墅 6217	奪 1739
操 5619	蔓 241	楷 2643	憑 5012	鄭 3040
馘 5513	勩 6334	榏 2666	敫 1537	臧 1470
彗 396	蔓 264	樺 2730	匱 5857	豨 4492
綮 6004	鄠 3003	模 2638	歌 4129	豨 4493
暜 5509	冀 200	榿 2565	遭 751	豨 4492
聚 3888	薩 207	槓 2730	齿 2827	殞 1875
賣 396	蕞 1747	楛 3362	遡 741	殨 1873
蔫 299	薏 5867	槤 2667	匴 5859	殤 1868
摧 236	蔄 268	槭 2730	監 3907	匱 3614
蓺 397	蔯 280	榑 2633	塱 3892	霂 5345
蓺 283	蔫 246	槁 2691	敲 1355	雩 5342
蓳 347	蔥 344	槕 2657	瓤 1354	需 5351
蓯 348	蓗 397	榫 2566	緊 1459	雷 5335
蕲 311	莜 397	榻 2718	髟 4224	霆 5337
鞀 1351	蔡 300	櫻 2611	鄞 3032	霏 5351
摶 330	毃 312	榍 2710	斠 3814	鳶 1793
靽 1346	蔗 238	樆 2730	霋 5352	

戩 5797	暞 1655	蚣 6108	單 3041	馛 3340
蜚 6132	嘆 585	蜾 6119	嘜 580	禍 3272
翡 1696	槑 2597	蜮 6115	幘 3608	稭 3272
閡 1376	閨 5449	蜽 6116	嶒 4362	種 3245
裴 3949	聞 5509	蝀 6107	嶄 4361	稬 3281
雌 1737	閩 6118	蜾 6107	嶇 4362	稱 3314
歐 4137	閭 5451	蜫 6122	敳 1542	稷 3320
叡 1863	閥 5489	蝎 6122	幖 3617	稴 3325
睿 1863	閤 5450	蝸 6114	敺 3890	稰 3325
叡 1862	閦 5490	睉 6279	嶓 4362	概 3248
遣 714	閣 5467	蜶 6122	罳 3599	稼 3325
虗 1733	閡 5477	蚰 6118	罰 2014	熏 191
虜 5863	閫 5490	蜺 6110	罯 3597	箝 2097
對 1262	嗷 604	蜼 6116	嶚 4362	箸 2091
嘗 2217	嘔 604	蜦 6113	幔 3614	箕 2121
裳 3202	遷 821	蜩 6109	幗 3627	箬 2066
裳 3608	嘌 551	蛂 6094	犖 4331	策 2117
嘈 551	暉 3076	蜘 6114	幧 3616	箟 2096
暆 3097	嗾 606	蜿 6122	嶁 4362	箋 2082
賕 1650	暑 3112	蜹 6113	嶃 4363	箍 2117
暴 5969	暝 3111	蝙 6305	嶂 4362	算 2109
嘖 583	髡 4018	蜢 6120	圖 2820	箹 2093
斲 1570	髣 3092	嘑 551	榃 1015	箅 2089
夥 3202	罩 6305	睺 6278	嶑 3600	箙 2130
暌 1637	睾 3578	睥 1885	罰 4750	箇 2096
愚 4935	暎 6276	賑 2844	舞 2497	箘 2064
暗 1620	踁 840	團 2818	鄹 2996	箠 2100
睽 1655	踈 997	鄭 2992	鹹 2392	箏 2091
賕 2918	踣 985	碧 4449	製 3982	箏 2106
賑 2852	踆 997	塵 3147	錇 2391	箙 2101
賙 2925	跐 981	塵 3147	錫 2412	箬 2066
賒 2891	跟 986	閒 616	銎 5517	箐 2096
賖 2928	踌 989	罂 604	犙 4017	箔 2096
暖 1617	踢 997	唱 1010	犓 483	管 2104
覛 4118	趈 975	嘖 604	犒 491	箜 2118
睉 1651	踊 978	鳴 1796	犗 474	箢 2118
暉 1617	賜 6303	嗿 554	犩 475	箓 2095
堅 144	踵 6305	嘅 5000	睗 1015	筻 2106
暇 1655	蜂 6122	嘛 581	筹 2118	毹 2928
剸 1986	蜻 6110	嗷 593	稱 2805	膏 1919
睰 1655	蜡 6111	唪 507	稭 3278	僥 3816
睗 1623	蜥 6092	噉 604	楊 3325	債 3788

僖	3758	徼	920	颮	6136	誘	4313	瘣	3540
僦	3787	歒	4132	鳳	1774	誨	1093	瘠	3562
僳	3675	銜	949	䁝	5774	誹	1174	瘦	3566
僦	3686	微	3617	䭾	4292	說	1136	瘖	3546
僵	3814	鰯	6061	䈽	1270	誶	1219	瘥	3562
僚	3679	愿	4993	魠	5368	諡	1185	瘐	3557
毀	6218	榮	2662	梟	2625	誑	1175	瘌	3555
媿	4304	擎	5593	夐	1613	誩	1228	瘕	3551
僭	3777	紮	452	獄	4660	認	1122	袖	3940
僕	1264	鈞	2287	獗	4650	認	1219	褒	3940
僮	978	鄒	3032	颱	6138	誦	1090	廖	4415
僩	3686	會	3845	飈	6136	誒	1181	豪	4493
債	3680	畬	2363	獁	4616	漷	3034	彰	4220
僤	3683	鄙	3006	犋	4292	漸	5327	竭	4848
僧	1171	豢	1583	獄	4660	裒	3954	韶	1242
僨	3845	愿	4921	賑	2058	裹	3972	端	4844
僑	3681	鄠	3033	獙	4614	槖	2628	竰	3349
僞	3783	貍	4505	獠	4615	亭	2426	颯	6137
僥	3775	貌	4086	獟	4616	敲	1577	暜	3099
劐	2025	餌	1360	熬	4724	稾	5644	普	4854
僦	3821	餁	2358	脾	4027	歇	4132	適	717
僅	3648	餉	2342	脺	4855	觳	1478	齊	3213
僐	3786	餑	2358	腏	1950	意	5030	臝	1957
僯	786	餅	2334	監	2294	膏	1904	翩	3183
傅	3809	餌	2358	雒	1716	墊	6240	旗	3125
僂	3845	領	4172	臬	2241	廑	4410	旖	3133
僧	3821	膜	1950	歉	4133	廣	4389	膂	3490
甀	5870	腊	1955	貧	3191	遮	819	裹	3986
鼻	1685	膝	1967	奠	3192	座	6223	竭	5910
蝨	6127	膊	1943	鄭	3007	麽	1828	達	703
魄	4302	遯	798	誠	1121	庱	3374	鄗	2961
魃	4303	膌	1950	誌	1214	席	4421	矮	1756
魆	4303	腬	1948	誣	1176	廎	2420	養	2336
魅	4302	膃	1936	誖	1178	慶	4408	構	3346
魈	4303	朕	1943	誧	1155	廣	4408	精	3346
歆	4131	腈	1924	諫	1131	腐	1957	粻	3360
慜	4306	膀	1907	語	1065	殿	4384	粿	3362
僎	3657	賸	2669	誚	1198	廘	4399	糀	3362
嶍	2295	媵	4732	誤	1179	瘦	3566	粺	3362
幾	3689	脂	1968	誤	1188	瘌	3562	粹	3348
廝	1662	䐉	1950	誥	1126	瘧	3553	鄭	2953
㟴	4250	蜃	6107	誡	1147	瘍	3545	鄰	5295

6922

粹 3354	漫 5280	慵 5015	複 3948	舞 1029
糁 3358	漢 5082	惰 4958	褕 3930	墜 6241
劁 2016	潔 5281	愲 5007	禪 3613	墬 6162
鄭 2972	漼 5159	慳 4935	褊 3955	嬉 5713
歎 4139	漰 5281	慘 4988	褘 3935	嫣 5703
槊 2718	過 5099	嫴 2184	褖 3986	媾 5710
慇 1194	漑 5109	搴 5645	禡 88	嫗 5676
弊 1300	漱 5263	寨 4966	禎 43	嫕 5745
幣 3604	漁 5380	寘 2888	祴 48	嫭 5723
嫛 5726	豫 5133	寅 3482	褶 83	嫜 5745
鄙 3021	漪 5281	寬 3455	鼐 3233	嫚 5729
熚 4679	滸 5281	賓 2888	適 857	嫶 5726
熄 4684	濂 5215	寡 3459	鄂 2983	嫡 5709
熇 4682	漉 5225	窯 3475	劃 2008	嫝 5707
熢 4732	漳 5084	寠 3466	盡 2281	嬌 5699
熑 4701	漮 5224	殻 1484	閩 5490	嫪 5723
熋 4736	漩 5078	寧 3483	閣 5490	嫞 5729
犖 2313	滴 5191	寣 3510	韡 1444	鼎 3233
榮 2588	漾 5068	窨 2593	韍 1444	鄩 3040
膋 1937	漱 5248	甌 5870	暨 3117	頗 4191
熒 5182	滮 5122	寙 3528	屢 4034	翟 672
犖 474	演 5134	窨 3496	嶋 1799	歊 4121
熒 4753	漥 5182	廎 3483	屣 4048	臂 1713
熰 4727	漷 5281	窓 3445	翯 579	翟 1693
熉 4690	漏 5260	察 3415	彏 5897	翠 1696
漬 5210	泞 5281	廉 3400	彄 5875	翣 1712
漕 5123	溜 5282	蜜 6128	愬 5486	熊 4669
漢 5068	滲 5138	寍 2183	嫪 6334	態 4956
漬 5183	渗 5159	窬 3529	瞅 1552	鄧 2997
滿 5162	慲 4963	寤 3530	斡 2504	緐 4496
漆 5077	慹 5011	寥 3483	截 3629	皜 3082
漸 5088	慒 4938	實 3422	皸 2512	劀 2008
滅 5068	慳 5031	輀 1519	墮 6253	瞀 1629
溥 5261	慓 4951	肇 5775	隋 4341	遣 725
漕 5259	慽 5001	肇 1524	隨 710	緷 6069
漱 5235	愐 5009	縶 5992	槍 2379	綪 6001
漚 5210	慢 4957	褓 3939	夢 3198	緒 5927
漂 5148	惟 5031	褋 3986	慈 4927	綾 5992
漘 5178	愓 4998	褕 3939	頔 4189	緈 5962
滯 5213	慟 5015	褆 3948	鼓 1570	緻 6062
滹 5122	慫 4959	褐 3973	舞 1304	緒 5964
漊 5207	慷 5031	褍 3948	艿 416	緁 5981

附錄三：筆畫檢字表

縬 6069	慧 4906	隸 4475	趣 633	撥 5600
緉 6055	賴 4191	境 6253	墣 6171	魃 5517
綺 5986	耦 2038	撓 5579	撲 5619	聤 5506
緁 6026	頼 2040	遶 857	撮 5565	薑 1185
縷 5994	臺 5549	墳 6230	頡 4188	嬎 2129
緣 6024	槑 3307	撻 5618	揮 5550	蕘 336
緋 6062	慭 4955	擅 5527	墂 6215	蕡 313
緷 6069	槧 166	壇 6224	薔 6300	蕅 397
綽 6078	瑨 136	揭 5581	撫 5574	鄯 3040
緄 6011	瑾 121	撑 5611	挽 5646	歎 4133
緆 6054	璜 131	駞 4533	撟 5591	鞋 1352
緗 6004	璊 137	駔 4572	赭 4758	蕙 398
綱 6023	璈 165	駛 4579	覩 1622	鞊 1343
網 3584	鬧 1376	駉 4577	墺 6166	鞀 333
綢 6014	靚 4112	駟 4553	埶 2627	輬 2235
緌 6010	璀 156	駃 4565	熱 4719	輪 1346
維 6038	璇 162	駙 4554	搶 5646	靴 1342
綸 6019	瑾 144	駗 4569	墦 6254	輅 1336
綸 6017	璁 144	駒 4526	播 5617	報 1343
縱 6022	璋 132	駋 4561	擒 5646	翱 1702
綵 6069	璜 163	聊 4579	撝 5614	蕈 268
綬 6012	璘 163	駐 4568	埶 5870	蕀 398
綳 6069	璆 126	駝 4579	鞏 1337	蕗 327
綢 6058	瑱 146	駊 4543	撚 5625	蔵 375
緡 6045	氂 6081	駘 4580	墥 6254	蕨 346
緤 5940	璞 144	駛 4555	撞 5613	蔚 276
綷 6070	蔡 5133	駘 4571	撤 5646	蕤 279
綌 6048	声 491	撅 5626	埶 3097	蕞 398
綾 6070	氂 492	撩 5559	摯 5539	蕕 237
緒 5996	氂 4231	潦 6177	熱 5009	邁 704
綣 6063	憝 5000	䓬 408	撛 5646	蕒 331
綫 6007	靦 4301	趣 624	墫 174	蕈 346
綜 5939	鴂 1792	趙 632	墥 6254	蕢 1747
綻 6070	奭 1688	趣 633	增 6208	蕪 295
綰 5998	撠 5584	趨 650	撈 5647	藜 398
緀 6007	髮 4232	趬 650	擤 5611	蔄 266
綠 5995	髯 4240	趣 633	穀 4449	蒪 283
緇 6006	髴 4237	赴 652	穀 3297	蕉 339
	髳 4237	赽 639	墀 6182	蔈 240
一五畫	髻 4239	趣 650	撰 5647	蕃 398
豎 2242	髭 4236	趙 651	漿 5229	覆 239
髳 4725	髯 4236	趌 651	撜 5589	蕷 398

豉 398	樘 2643	懋 4919	鹵 2449	虢 2558
蕃 362	樓 2646	縶 4200	敵 1552	闍 5490
蔦 260	樱 2648	磋 4448	遨 706	闌 5491
蕣 269	楓 2671	碾 4455	劇 2021	閱 5484
蕕 239	樢 246	磊 4455	歎 4136	閭 1095
蕫 247	樺 2718	憂 2481	膚 1894	閫 5461
蕎 228	樅 2595	碩 4448	慮 4858	鄲 3003
蕁 330	樊 1301	磴 4454	歔 4121	數 1538
蕩 5085	蕾 2467	磔 2521	鄰 2989	嘽 579
满 255	麩 2477	磏 4444	戮 5794	暹 2175
漞 299	麪 2477	確 4459	髷 3032	影 4225
漓 325	橡 2732	鴈 1789	嫠 5746	曇 3112
澃 260	樴 2567	厬 4429	賞 2873	晻 3112
蕾 239	樟 2732	羬 4422	暗 3112	嘬 585
蔭 296	樀 2645	賚 2872	瑪 1656	曩 3084
蕁 237	樣 2564	親 4109	瞞 1617	踧 997
榦 3124	樑 2732	穀 2475	瞑 1656	踏 976
翰 1643	樠 2558	甌 5870	瞋 1636	跨 974
蔬 373	椭 2667	鴇 4579	瞥 3076	踐 981
蔽 246	樒 2557	遼 822	瞑 3095	踝 991
薷 2240	樛 2622	廟 4431	睾 4830	踬 975
薐 251	槮 2625	雅 1726	暖 1637	踔 984
蕸 318	槵 2732	猪 4493	瞎 1624	踘 997
翯 3233	樧 2701	豬 4489	唯 1739	踝 973
靤 1374	槊 2689	貐 4493	賦 2913	踢 998
樆 2715	暫 3085	殪 1868	賭 2926	踊 989
橁 2718	墊 6254	殤 1867	賰 2928	踟 998
橀 2731	輅 3590	震 5338	賤 2910	踒 989
横 2704	鼓 1583	霄 5341	赐 2877	踣 1888
樠 2595	訂 857	霓 5341	瞘 3112	踜 984
幞 1326	戴 1312	雪 5337	諷 2929	踣 987
樽 2731	甌 5869	霖 5344	踔 2929	踮 998
槽 2679	歐 4561	霈 5344	憋 4118	踞 987
楸 2558	歐 4134	鞏 5529	瞌 1637	蹅 4020
樞 2646	殷 1477	遷 818	瞑 1644	遺 799
標 2619	頤 4188	墳 672	嘵 583	品 6307
樊 2711	警 3907	劌 1995	噴 582	蝡 6092
樾 2568	竖 1462	遵 824	嘻 605	蝠 6116
樗 2568	賢 2852	齒 957	噎 579	蝻 6106
橘 2679	歎 4149	磬 5513	嘶 605	蜃 6111
樝 2534	遷 763	鹼 5430	嘸 581	蛸 6111
樟 2559	感 5032	槱 3211	嘲 597	蝎 6095

附錄三：筆畫檢字表

蝦 6123	幞 3627	黎 3335	償 3674	盤 2662
蝟 4495	嶽 4720	榜 3281	儌 3845	鄱 3020
蝮 6087	嶀 3617	稺 3278	儉 3758	頜 4171
蝗 6108	憮 3618	穊 3264	會 3819	龠 3846
蝛 6088	嶠 4350	稼 3241	愈 5034	劍 2034
蝓 6114	嶕 4362	稺 3246	優 3687	劊 1993
蝴 6107	嶔 4362	覟 4104	儋 3694	鄭 3009
蝯 6116	幡 3617	篋 5852	俤 1720	頻 4187
蝣 6123	嶓 4362	箕 2073	儃 3724	慾 5034
蝤 6095	幢 3627	箱 2098	儦 3846	徽 1488
蝙 6116	幟 3627	箴 2102	億 3763	虢 2260
蝦 6115	獜 4350	箭 2102	儀 3746	慶 1850
蝟 6108	嶒 4363	箟 2103	銑 4733	貓 4506
蝶 6093	嶗 4363	箷 2105	鼬 2779	變 1178
蝝 6103	案 4343	篡 2095	犖 1665	餂 2358
蟽 6114	槲 5292	篩 2094	戯 1799	餔 2340
	槼 3890	筱 2106	髲 1791	餗 1360
膍 6319	墨 6198	篧 2095	駒 1781	餫 2344
	圚 3578	篁 2073	皚 3638	餓 2355
噓 513	骶 1892	篌 2118	縣 5919	餘 2346
鼐 2842	骷 1888	管 2449	皞 3639	餒 2356
賞 1009	骼 1892	箭 2063	皛 3638	餕 2358
噴 514	骸 1888	落 2118	樊 4733	餤 2356
剮 2010	骹 1888	篇 2071	僻 3782	歎 4149
嘽 511	骿 1888	懿 5033	螢 6106	膝 1968
嘼 607	甕 2987	篔 2118	舉 6054	膊 1954
嘿 605	摎 3530	篁 1662		膘 1937
噗 506	磂 4017	篠 2089	質 2893	腰 1928
噍 506	犕 483	篡 2066	樀 920	膕 1968
噏 605	靠 5396	篆 2071	德 859	脺 1937
噁 551	犛 478	箹 2104	徵 5034	滕 5143
噉 4132	頣 4179	憋 5033	潰 920	膔 1969
噂 550	憯 473	緯 6070	徹 3890	踶 998
嘮 581	頡 4179	雒 3638	徹 1523	膠 1955
噃 582	穌 3302	僵 3789	徸 899	鴇 1791
嘰 508	積 3247	價 3820	衛 951	鴆 1733
嶢 4345	穄 3264	贇 2920	嫛 5692	頜 4179
幩 3622	穇 2805	覠 4104	墊 6254	盩 4330
棧 4341	稷 3259	牖 3226	艎 4059	儌 4200
幝 3629	剹 3335	僾 3845	艘 4052	魟 5378
崿 4367	稻 3263	儉 3845	磐 4458	魳 5369
罵 3598	甈 2984	儜 3845	磬 1624	魮 5378
罷 3593		僧 4966		

魦 5369	誰 1143	瘞 3566	糂 3362	澂 5156
魯 1669	諉 1143	瘽 3555	翦 1697	潤 5095
魿 5375	誽 1172	瘜 3550	遵 715	瀾 5159
魵 5369	說 1184	瘢 3556	導 1514	澕 5282
魧 5377	誰 1203	瘡 3566	槩 2732	潕 5096
魴 5366	諗 1132	痕 3562	獎 4636	潐 5214
魷 5378	調 1141	瘠 3566	擎 5612	潦 5123
戁 5672	論 1099	瘱 3567	熯 4681	潾 5180
穎 5098	謟 1183	瘷 3547	熸 4702	澳 5189
獟 4640	諂 1173	歎 4146	熛 4681	潙 5143
獬 4658	諮 1220	賡 5956	熜 4701	潘 5226
獠 4632	諒 1070	齒斤 2253	覡 4109	潼 5048
颲 6138	諄 1095	麃 4600	瑩 137	澈 5282
獢 4612	諱 1200	麃 4596	熒 85	塗 136
猑 594	談 1066	慶 4921	營 1651	濫 2287
猵 4616	誼 1146	銎 3377	熒 3379	潾 5282
獩 4627	謳 1202	瓷 2334	熠 4710	潧 5100
魷 2051	啻 2449	廢 4409	熮 4681	樂 2680
鯊 2045	𡔥 2449	凜 5332	潔 5264	澇 5077
鯀 2044	𡔥 2449	毅 1485	澆 5232	滇 5282
鯉 2061	𡔥 6206	竭 4850	澒 5261	潯 5162
膌 1968	槀 3278	普 4854	潰 5177	澶 5283
頜 4169	𣒦 3975	敲 5809	澍 5204	潅 5283
螽 6126	熟 4733	敵 1553	澎 5282	潺 5263
潁 4681	廚 4380	資 2906	澄 5282	潰 5283
𠪝 2498	廡 4379	甀 6129	漸 5213	澳 5265
劉 2025	厲 4421	旇 3131	滿 5282	澄 5283
鴑 1798	廟 4410	蝨 6106	潮 5131	滴 5144
請 1071	摩 5613	頟 4196	潛 5253	憤 4986
諸 1084	麾 3374	羥 1757	潓 5087	憶 5032
諁 1192	廛 4399	羯 1754	盩 2340	憯 5031
諆 1189	裹 3941	翰 1753	潭 5094	慄 5032
諏 1099	廝 4379	遨 820	潦 5205	憿 4908
諳 1172	歎 4414	輦 2505	澀 5146	憯 4988
諾 1082	瘞 5582	糌 3349	潜 5197	憪 4952
諓 1147	瘳 3561	糌 3362	澁 5282	憫 5035
誹 1176	瘍 3546	穎 4195	溶 5323	憬 5014
諴 1108	瘧 3555	糊 3362	濈 5235	憤 4969
諕 1187	瘡 5009	糀 3358	潤 5217	憚 5004
課 1132	癨 3541	糅 3360	潤 5188	憮 4939
諸 1183	瘨 3541	遷 786	潤 5159	憍 5033
調 1187	瘞 6225	㮳 3352	潰 5169	憔 5034

幡	5035	熨	4733	翬	1706	緅	6044	攫	5593
憯	4957	慰	4940	姿	5746	縉	6070	攛	5543
憧	4964	遲	781	翪	4607	緷	5941	駴	4578
憐	5012	劈	4287	鬈	4671	緶	6037	駛	4578
憎	4982	劊	2006	蝨	6125	緯	5940	駓	4544
憕	4902	履	4045	適	784	絹	6070	駧	4565
憰	4965	屧	4019	蝹	6108	緶	5960	駉	4531
賓	2919	鳩	1781	蝥	6132	緣	6019	駜	4577
憲	3483	層	4033	摯	1752	畿	6281	駊	4580
戮	5796	彌	5907	豫	4513	劉	5950	駋	4568
寮	3483	彈	5897	歎	4149	鄭	3000	駱	4529
寱	3484	選	775	褰	6130	鼠	4855	駮	4577
寫	3450	鞐	3630	盤	2287			駭	4567
寊	3512	隨	4343	紂	6055	**一六畫**		駢	4551
審	456	獎	4783	緯	6054	耩	2040	肆	4580
窲	3523	獘	4616	緤	6043	槲	3005	撼	5647
窮	3519	漿	5230	緗	6062	耨	2040	蕈	6258
窳	3509	凱	4118	練	5989	璈	121	趨	650
窰	3497	嬈	5732	緘	6036	璙	120	趙	653
寫	3400	嬉	5745	緬	5929	璔	144	趯	653
寯	3472	嬋	5714	緥	6026	閿	1375	趨	639
窨	1346	嬃	5729	緒	5931	璕	126	避	653
頡	4170	嫽	5693	緹	6001	璞	163	趙	633
冪	3629	嫺	5709	緝	6048	靜	2309	據	5544
翩	1707	嬋	5738	縕	6058	璊	126	歔	4121
槳	2733	嫘	5728	絹	5986	璠	121	墣	6254
褠	3986	嫵	5698	總	6054	璚	162	蓬	3272
褥	3987	嬌	5738	緺	5977	琨	162	操	5541
褌	3987	嫣	5663	縋	6022	聲	5515	戴	5809
褫	3971	嫡	5702	緮	6070	螯	6123	歊	2218
褠	57	姎	5746	緞	2505	璒	145	歆	4134
禩	72	嬁	5663	緄	6055	璘	123	熹	4686
鳩	1795	嬉	5726	縹	6021	璐	135	憙	2222
遘	858	爐	5702	線	6025	璣	149	擇	5560
盡	2294	嬶	5746	緵	6031	贅	2929	擐	5604
閭	5035	駕	4580	縋	6036	頤	4200	擌	5647
閿	5001	駕	4549	緰	6054	髻	4239	賴	4758
閫	5472	顈	4190	緩	6079	髽	4238	赮	4761
親	4104	逞	1692	締	5977	髺	4237	墩	6170
槩	3355	酖	1690	緺	5964	髮	4237	撽	5619
憨	5035	戮	5795	緇	6042	敦	1582	憝	4737
蝨	6126	猱	1703	繼	6014	壈	6241	撿	5529

附錄三：筆畫檢字表

擔	5647	黄	400	橞	2565	賴	2882	霍	5352
擅	5593	蕶	2798	檀	2645	橐	2813	疊	6129
壇	6231	薹	400	橑	2644	融	1357	頤	135
擁	5592	薛	222	檜	2733	翮	1704	虦	2258
觳	2389	薇	206	樸	2628	頭	4155	螣	1178
毅	5987	薟	251	樑	2733	瓢	3380	臻	5417
鄴	3005	薔	288	橺	2620	醜	4304	頸	4171
擗	5647	薍	253	橫	2563	臀	1656	冀	3875
磬	4449	蕎	400	盇	6129	顧	1896	嶼	4543
罄	1342	薊	220	樺	2557	陴	6106	頻	4201
覩	4109	擎	5647	奱	2156	匴	5856	餐	2341
聚	3939	憋	4913	樢	2558	磧	4444	叡	1863
聹	5513	薜	252	橅	2733	磺	4442	叡	126
鄹	3040	薨	1881	橋	2692	碼	4459	虜	1357
擤	399	薑	400	桶	2562	磔	4460	邇	838
遴	372	廉	253	橋	2706	磪	4461	盧	2267
蕳	218	薦	4585	樵	2593	礖	4206	虤	2261
薔	356	賚	287	檢	2733	覦	4205	虦	2261
蕻	357	薪	336	麪	2811	歷	1354	虣	2261
鞍	1345	蕦	253	橎	2591	歷	661	對	1262
鞅	1340	薆	213	燓	4701	曆	3105	斴	3642
鞘	1351	薄	400	麩	2477	殪	4681	氅	4018
靧	1351	薄	303	歎	2478	毚	4776	憨	5036
鞘	1348	鞙	3118	燃	2566	粟	2672	瞞	1656
鞍	1338	翰	1692	樘	2653	奮	1741	縣	4211
鞇	1345	蕭	257	機	2672	懋	4919	瞭	1622
墊	143	噩	1014	樁	2561	頰	4170	曉	3100
雖	1809	頤	5518	檣	2733	頯	4200	題	4109
薑	399	蒞	2271	樽	2733	貓	4491	曀	3082
燕	5386	鶻	1799	樻	2559	舘	4805	曈	3112
貼	6314	薛	243	橙	2533	殖	1867	鴟	1780
薊	398	蘖	6071	橪	2697	殯	1868	鴡	1637
甄	246	薩	400	墼	6267	彊	1873	鴞	1793
薙	399	蕅	409	橘	2532	舞	2498	剾	1986
蕆	295	薰	4743	橡	2613	霓	5344	賵	2926
夢	239	栻	2566	機	2667	霖	5359	瞭	3112
蘢	206	橈	2624	斳	4448	霖	5344	頷	4171
薗	399	樹	2598	墼	6182	霎	5346	瞇	1622
葄	399	撕	2714	嬰	5721	霏	5352	瞷	1651
薨	1879	橄	2677	棘	2740	霓	5350	瞰	3104
薙	311	撒	1951	雉	1739	霎	5352	瞰	1656
蕕	400	槳	2747	整	1527	霑	5345	鴨	1799

6929

噤 515	螟 6123	點 4742	舉 5586	龠 2488
閶 5456	螂 6103	黔 4743	舁 605	餭 2343
闃 5460	螠 6110	默 4745	興 1320	餒 2356
闆 5482	螉 6088	黜 1886	盥 2285	餳 2334
闈 5448	螐 6111	髁 1891	舉 1315	斁 5617
閽 1717	螭 6113	犏 491	嬰 1324	鴿 1795
闌 5491	螊 6113	嵩 1358	嚚 4332	儘 3555
閡 5491	螟 6093	賴 2039	學 1586	覦 4104
闍 5483	噓 548	矯 1678	儔 3780	噩 5863
闊 5491	噢 596	憊 4948	儕 4543	懸 5037
閻 5453	嚁 6278	犛 474	儒 3658	屬 2058
閼 5472	器 1010	替 4854	嬰 5732	貔 4086
曄 3113	戰 5785	犝 490	雖 1794	豸 4507
曈 3101	瞖 607	憩 5037	殷 3364	貒 4506
曘 3113	噣 499	篧 2118	歞 4664	貐 4503
鴞 1781	噬 507	積 3273	儃 3816	壂 6240
顈 4178	噱 499	穄 3325	鑋 2391	敵 1566
踹 2496	喚 597	穆 3248	儗 3777	絷 5910
蹉 995	噲 501	黏 3335	雔 1767	餕 2329
蹀 998	鴛 1789	穋 3263	儕 3703	餞 2350
踏 986	讳 2842	穗 3278	儐 3702	餧 2353
蹢 579	噫 510	穇 3246	劓 2015	餚 2358
踵 4045	嘯 552	勳 6322	鼽 1687	館 2350
跽 984	羃 1284	敼 1552	駟 1789	鍵 1358
踢 987	還 773	篝 2093	駃 1791	餟 2355
踵 983	冪 4833	筐 2099	駚 1781	盒 2285
踽 976	厱 3591	篤 4555	鮑 1791	領 4179
踳 998	麗 3589	筲 2089	馱 1794	鴒 1799
踰 976	犨 3599	築 2635	邀 858	膩 1950
踱 998	尉 3591	靮 4820	彍 920	膙 1949
蹄 998	羅 3591	簒 4312	徼 876	膪 1950
蹉 995	幨 3627	篳 2107	衟 920	膋 1937
踊 989	嶧 4329	篋 2064	衡 2047	膢 1969
跟 991	嶼 4350	簹 2118	頮 4218	腬 1969
踆 999	崒 4343	篘 2119	艍 4110	膻 1969
螨 6122	嶮 4363	篠 2119	螯 6107	膴 1945
蟗 6123	幨 3629	篦 2111	艕 4059	膟 1951
蟆 6115	圜 2821	簏 1004	錦 3631	騰 1950
螬 6123	圓 2816	翁 2070	憝 4997	腹 1969
螉 6110	盟 3184	篙 2111	艘 4110	臟 1969
蟄 6131	默 4613	節 2075	劍 2034	膳 1931
蟹 6105	默 1926	筊 2099	歜 4141	臘 6087

縢 6037	頰 4170	雔 1733	糘 3352	潞 5083
雕 1726	繇 1802	褢 3941	糖 3360	澧 5098
鴟 1727	鴬 1788	遪 858	瞥 1645	濃 5212
魯 4603	諜 1096	奯 4803	甑 5867	澡 5240
韶 4210	諶 1111	廕 4422	冀 4690	澤 5165
鮇 5363	諫 1205	磨 4460	燒 4677	濁 5108
鮒 5377	諜 1209	糜 3325	燌 4734	溢 5253
鮎 5378	諢 1220	麿 2160	燖 4708	濋 5193
鮇 5367	諫 1131	廥 4422	燎 4701	澕 5219
鮁 5377	誠 1135	廥 4380	熻 4734	激 5151
鮏 5375	諧 1140	廥 4396	燗 4691	淡 5284
穌 3302	謔 1186	瘴 3541	燀 4684	澮 5083
鮒 5367	諟 1104	瘠 3567	燋 4682	澹 5161
鮊 5373	諹 1220	瘥 3567	燠 4721	澥 5124
鮊 5376	謁 1075	瘝 3560	燔 4676	澶 5105
鮑 5375	謂 1068	癃 4908	燃 4734	濂 5285
鮫 5379	諰 1156	瘦 3547	燉 4734	濆 5204
鮀 5368	諤 1220	廩 2459	熾 4720	澺 5098
鮋 5377	諯 1196	瘭 3544	燊 4714	濍 5285
鮍 5367	諛 1220	療 3541	燅 4736	瀟 5133
鮐 5373	諨 4313	瘼 3567	劓 2032	澱 5228
鮏 5367	諭 1095	癃 3560	燊 4754	憍 4966
鴃 1794	諡 1208	瘳 3562	螢 6123	憊 5037
獲 4633	諼 1173	襃 1519	營 3488	憤 5037
穎 3268	諷 1090	褒 3945	縈 2392	憹 4987
蜀 4288	諮 1220	廨 4389	袈 3983	懌 5017
燄 4736	諳 1208	糜 4596	繁 6035	懁 4950
颲 6138	諺 1167	塵 4597	燥 1950	懂 5038
獰 4612	諦 1104	凝 5323	燈 4735	憿 4966
獷 4627	謎 1214	童 1253	溗 5283	憸 4948
獨 4628	誼 1220	親 4113	潚 5136	憎 5037
獫 4613	諗 1214	簿 4847	瀣 5284	憯 4945
獪 4612	論 1184	辨 1999	濩 5205	懈 4958
鰓 2046	諱 1122	龍 5380	濛 5207	懔 5037
鰓 2044	諮 1131	薏 4935	澣 5284	憶 5037
鮨 2051	裹 3983	鴻 1792	濇 5165	憲 4899
鮥 2059	憑 5035	劑 2008	漱 1541	寋 3944
遯 843	鴣 1785	赢 5659	滅 5261	鄵 3041
縣 3379	稟 2657	壅 6254	濾 5284	敽 4706
燊 4737	橐 6178	薑 1358	漢 5284	寰 3480
縢 1896	亹 1881	羲 2195	湮 5284	窺 3511
縀 6149	憨 4978	糙 3362	澈 4137	窵 3511

6931

附錄三：筆畫檢字表

窻	3503	鶩	1733	璫	156	薹	6258	鞻	237
竁	5721	嚣	1710	璨	144	趨	638	艱	6259
窾	510	辪	2658	璐	125	趡	634	鞿	1352
禠	3971	甑	4018	璪	136	趝	651	鞭	1346
福	3973	叡	673	環	129	趣	622	鞞	1342
褸	3934	豯	4496	匱	5858	鄭	3005	鞫	1340
襌	3953	鵙	1795	璵	121	薹	3995	鞾	1352
襐	3963	紵	6067	璲	133	薀	2294	鞚	1352
襃	3987	縩	6071	贅	2892	壒	6208	鞦	1342
禧	42	縞	6070	瞀	1173	戴	1312	鞬	1349
禪	94	繒	6000	鶗	1799	鵠	1799	鞭	1349
禫	85	縝	6071	靚	4109	鬃	78	鞾	1346
瑵	1030	縺	6071	爽	1688	壎	6191	韃	6314
賣	2866	縛	5977	鄴	2982	螫	6112	鞼	6314
闄	5463	縟	6008	雹	6145	戲	1799	蕷	252
閿	1613	縓	6002	髦	4239	擬	5596	藍	211
閣	5491	緻	6062	髣	4238	壕	6255	薾	278
頫	4174	繂	5981	髳	6258	壙	6217	藏	374
鴗	1791	縜	6024	墙	6214	擿	5578	蕩	284
褧	3934	縛	6040	擣	5609	擠	5534	藋	1745
堅	6254	縋	6048	擥	5549	鰲	4817	顆	4202
廟	3041	縐	6071	駧	4560	蟄	6114	藜	403
壁	6176	縫	6025	駼	4580	摯	1754	薰	217
髀	3626	縗	6054	駤	4580	繁	4571	蕻	358
避	785	縗	6054	駓	4531	擯	3702	舊	1745
嬖	5721	縞	5991	駽	4565	壜	6255	斵	1206
彊	5885	縭	6031	騁	4564	縠	4757	薤	339
彌	1358	縊	6059	駒	4528	縠	4490	藐	401
頂	1969	縑	5988	駼	4555	穀	2059	薥	239
甕	5417	緅	6007	駿	4578	穀	1477	薿	279
懇	4940	緈	6063	駽	4581	聲	5506	藁	401
隮	2677	縡	5984	駣	4565	馨	2393	歟	287
嬙	5737	縚	6071	駿	4556	擢	5607	藉	402
嬌	5692	縺	5863	駿	4560	驅	5517	縈	300
嬬	5733	鮓	5863	駿	4535	藉	315	薀	326
媤	5747			擩	5592	聰	5502	藻	353
嫒	5704	**一七畫**		盩	2287	顂	4196	薋	211
嬥	5693	璱	136	趐	652	聯	5498	橠	4758
嬡	5747	璥	163	趙	653	歜	401	檊	4097
嬐	5713	麗	4593			藄	239	藎	218
嬒	5733	璨	156	越	651	薐	238	藋	221
嬗	5714	璩	155	趄	652	懃	5038	翠	402

隸 1455	賺 4178	豰 6225	蹋 981	罾 3590
縶 3363	磽 4449	壑 1862	蹠 973	罾 3588
檉 2573	壓 6220	跨 987	蹌 986	翼 3587
檴 2568	壓 5701	遽 5618	蹈 981	嶺 4350
橉 2734	磚 4461	彪 2252	蹊 889	嶷 4330
櫛 2587	鄭 3000	戲 5788	蹡 978	嶽 4327
檀 2567	磙 4460	虧 2205	踔 987	嶸 4344
櫃 2560	磵 4461	黻 3642	蹡 999	顉 4190
檳 2734	磲 4461	瞎 1616	蹡 999	魛 2288
橾 2691	磻 4455	瞳 1644	勴 6350	罾 3589
檟 2646	磷 4462	雖 1780	螳 6088	黚 4742
檶 2665	磴 4462	暑 1189	螨 6106	點 4742
樫 2597	磯 4456	曚 3113	蟖 6115	黢 4741
櫛 2656	磨 4448	顆 4179	蟣 6119	黜 4747
檄 2690	壐 6195	瞤 1624	瞳 6303	黝 4741
檢 2689	邇 818	瞤 1646	螳 6120	髁 1888
檜 2595	壒 1470	瞨 1630	螻 6103	骼 1889
斂 4138	獳 4492	瞩 1619	螰 6123	髀 1888
麯 2478	圐 2965	購 2918	蟈 6115	骳 2393
粱 2477	獠 4490	賻 2927	蟒 6296	蟹 6147
檣 2645	騭 4564	嬰 5716	蜑 6088	矯 2399
櫢 5856	殭 1873	賘 2929	蟋 6120	矰 2401
檀 2583	殮 1876	瞬 1656	蟪 6108	橐 81
檍 2559	霤 5337	瞤 1618	蟀 6123	氈 4017
樣 2637	霂 5345	嚋 605	螾 6088	犨 475
樧 2562	霝 5344	噓 515	螺 6114	雛 1727
橚 2625	霳 5346	闉 5456	覯 4104	鴣 1792
戀 4941	霜 5348	闌 5473	雖 6089	簍 2119
歞 4141	霝 5342	関 5489	嚊 606	篁 2119
擊 2667	霢 5345	壘 3147	嚌 504	簃 2119
擊 5621	霞 5351	毚 3147	嚌 506	穗 3271
憨 5009	霂 5350	闇 5477	医 606	穉 2808
橐 2816	鞞 5747	閤 5486	幬 3614	穀 2808
賢 3916	鴯 1792	闌 5448	嶸 4363	積 3326
臨 3911	鴇 1800	関 5485	幨 3617	橋 3326
豎 1462	鴦 2335	噫 606	幬 3614	黏 3335
翩 1356	鵨 1788	曙 3104	覬 4110	黏 3335
霋 5352	齔 961	曖 3113	斁 1557	穜 3243
鹽 2288	觜 1792	曖 3113	闠 3588	穆 3272
彌 5428	紫 5368	暴 4825	翳 2515	穎 4202
翳 1711	齓 4110	蹟 986	斂 1577	魏 4306
繁 6032	頷 2496	蹕 998	歛 4137	機 3272

簹 1415	頤 4191	谿 5321	颼 6137	糜 3350
簧 2088	嬸 3637	餞 2358	獷 4658	縻 6042
簪 5625	魈 4306	鯽 2335	獼 4616	麈 5513
簣 2103	魆 4304	餬 2343	獰 4653	膺 4379
簟 2091	魍 4306	餳 2358	艃 2044	膺 1905
簍 2092	魋 4305	餲 2352	鮮 2047	鼇 6114
篾 2119	憨 5039	餽 2355	觲 2061	癬 3546
篛 2111	龜 6144	餱 2335	臎 2304	癌 3548
篼 2097	儦 3680	飾 1358	鴿 1785	癘 3552
筵 2091	鄚 3041	餫 2350	講 1169	療 3562
簏 2095	徹 1523	朦 3170	謗 1188	癒 3567
篮 2093	鄹 3041	膢 1018	謹 1188	癇 3542
簋 4941	徽 6032	膿 2294	謨 1098	癉 3559
蔣 2073	禦 86	臊 1949	諲 1193	瘦 3567
簹 1415	聳 5517	膺 1970	謰 1175	瘡 3546
篯 2070	徳 888	臉 1970	謌 4129	癁 3555
繁 6072	彍 920	膾 1950	謜 1094	磅 3562
歔 4121	劓 6347	膽 1899	謖 1221	癈 3543
懇 4945	衛 950	膻 1922	謙 1221	頷 4195
熒 5189	澀 879	臆 1906	謝 1161	麈 4597
頤 4178	瞥 1656	膝 2869	謟 1223	麋 4600
償 3740	罃 2273	膺 1170	謑 1208	麇 4595
儕 1745	頣 4850	臑 1948	謠 1222	麋 4593
優 3757	鵤 1780	蠁 6106	舎 1135	鄺 2978
擎 5621	離 5193	顊 4196	謪 1223	燮 4737
鴌 1781	鎖 4185	鵒 1785	謫 1220	燿 4850
勛 4664	鎡 3233	夒 4602	謫 1181	訊 4851
齔 4664	璨 3358	鮭 5379	謗 1176	齋 5707
齡 4663	龠 1003	鮚 5377	謋 1190	旟 3133
黛 4751	斂 1551	鮪 5363	謚 1211	羴 1756
儓 3846	鈴 2370	鮞 5363	謙 1144	羲 5429
儵 5365	鴿 1780	鮎 5368	謶 1194	羰 5375
償 3743	餘 6112	鮦 5365	燮 1388	糲 3363
儡 3807	鍼 3377	鮡 5378	謐 1144	糟 3351
頤 4174	螢 6111	鮢 5364	譁 1095	糠 3351
儲 3696	爵 2324	鮑 5379	褻 3963	糞 1818
儳 3680	頮 4190	鮨 5375	襃 3953	糀 3363
儩 3846	獲 4503	鮥 5364	飆 6136	糠 3363
曉 3637	邈 844	鮫 5373	襄 3956	糝 3350
舺 1687	貔 4502	鮮 5370	亳 2436	醎 5513
駮 1792	獴 4664	蠅 6146	豪 4494	漅 3302
龜 6142	懇 5015	獹 4619	就 2440	斃 4636

檠	3987	懠	5039	臂	1911	繎	6026	騾	4581
燦	4727	懝	4955	擘	5614	繆	6057	趣	654
燥	4723	懞	5030	履	4047	繈	6032	趣	653
燭	4699	豁	5322	彌	5904	繅	5926	趨	633
燬	4672	騫	634	蟁	6129	鵲	5518	趨	650
營	1172	賽	2927	韔	2505			趨	639
濔	5219	寒	987	鞞	2512	一八畫		擄	5648
鴻	1786	謇	1223	牆	2469	豐	2242	蕤	2235
濈	5285	寫	3429	遽	703	顆	4191	嚞	522
濤	5263	竅	3511	賷	2777	靚	4110	壙	6255
濊	5219	寮	3501	嬻	5747	璹	136	馨	2234
壄	6255	竁	3523	嬉	5729	璪	136	瞽	1650
漱	5285	窳	3528	嬬	5729	闒	1376	謠	2226
濫	5149	遼	3522	嬾	5747	璿	126	還	725
濔	5199	窖	3503	嬪	5713	瓊	123	還	858
瀾	5161	複	3497	嬐	5747	瑾	144		
濡	5119	寐	3530	嫿	5707	璘	144	鴶	1792
濬	5323	鵊	1795	翼	5391	鞼	6078	黿	6146
竂	151	襈	1331	隸	1455	鼇	6266	壞	6255
㵾	2285	顧	4190	孟	6127	鼀	1718	擭	5648
濕	5103	襛	3934	覬	4117	鬄	4236	贅	2929
濘	5235	襦	3971	蟄	6088	髽	4235	蟄	1174
濔	5090	禪	3955	嚮	3050	髼	4235	墊	984
濮	5102	襠	3948	縮	6073	鬌	4235	斁	1577
濞	5143	襖	3984	織	6073	鬃	4240	燾	4724
濥	5099	襭	3948	繪	6073	鬇	4475	聲	1065
燊	3363	襚	3982	繐	6073	鬆	4239	彝	4830
濱	5131	禢	3945	繜	6052	髻	4240	獵	5549
濠	5285	襐	3934	績	6050	翹	1702	聶	5514
濇	5285	禮	38	縛	5988	擿	3971	職	5513
濟	5115	襘	85	繁	6072	擯	5647	職	5504
濚	5068	覯	4109	繕	5996	騀	4581	薩	243
涤	5285	闊	5473	縷	6024	騏	4527	薹	356
濱	5285	闑	5491	縵	5992	騎	4545	藝	402
濘	5182	閪	5460	繆	6072	駺	4541	爇	4676
澶	5286	歟	552	維	5932	騑	4551	覲	4116
濯	5247	歡	4133	繃	5978	騞	4533	藭	311
澤	5172	斁	1564	總	5967	騆	4531	鞭	1346
濰	5109	舝	4287	縱	5960	驅	4539	鞨	1348
懠	5038	檠	2568	縩	6042	騅	4529	鞮	1339
懨	4953	覽	5870	縮	5965	駒	4578	鞭	1349
懦	4951	壁	664	縋	5947	駢	4581	鞫	1352

附錄三：筆畫檢字表

鞽	1343	横	2667	甑	965	蹤	999	穧	3242
鞫	1352	檮	2566	覬	4109	蹠	985	穤	4690
韓	1337	橢	2625	虞	2252	蹢	984	穢	3326
鞣	1337	權	2718	觳	2205	蹯	985	馥	3339
鄹	3032	檵	2582	憝	4984	壘	6215	穟	3327
蕨	6313	槧	999	叢	1261	蟯	6088	穭	3278
蕗	262	磬	4449	雛	1782	蟴	6123	遽	783
蕩	238	罄	121	虢	2259	蟥	6114	穢	3273
藪	308	避	858	嚚	551	蟪	6119	簙	2107
薑	6094			瞹	1626	蟬	6093	簠	2094
蕞	242	謷	741	矇	1648	蟲	6131	簟	2088
闓	1019	櫜	2813	題	4169	蟫	6109	簝	2097
龍	267	磺	1264	趪	699	蟜	6094	簪	4085
繭	5925	鹽	5432	瞿	1765	蠍	6093	斃	1582
藜	360	覬	4109	鼀	6147	蠊	6127	簡	2074
藥	313	鏊	6255	矉	1657	蟠	6108	簞	2091
薜	403	覆	3600	瞼	1652	蟷	6124	簼	2089
藤	403	顒	4193	覷	5871	蝎	783	簁	2089
薈	240	戳	995	斃	1565	蟥	6106	箭	2108
藷	238	顋	4198	賵	2929	蟻	6093	簋	2635
藨	251	礎	4456	瞻	1627	咄	1009	簜	2064
齊	246	魇	2586	瞳	1622	嚚	1009	簡	4994
遜	251	厭	4658	闖	5488	嚟	606	簦	2098
潦	327	摩	5554	闔	5460	嚊	549	璯	4444
藩	325	壓	4945	闐	5482	嚦	510	礜	4443
蔹	213	磯	4462	闌	5451	嘖	515	礜	1315
韡	1720	蠡	6116	闓	5466	顓	4184	奥	4702
軌	3118	燹	4672	闈	5460	嶻	4331	礕	4448
顀	5519	狘	4490	闠	5492	嶲	1718	瞥	1657
蘊	404	獮	4491	闕	5456	雠	5286	餼	5774
樽	2643	殯	1868	覲	4118	罾	3589	鼫	4664
檮	2707	賷	5345	顗	4177	黚	4743	鼽	4663
橝	2749	賸	5344	瞵	3113	黟	4751	鼬	4664
櫃	2734	賡	5336	嚘	580	顋	4177	駒	4664
檻	2714	霈	5344	曠	3066	髏	1888	鼳	4665
櫊	2667	雷	5345	雞	2245	鎛	2393	鼢	4664
檿	2562	霖	5346	暴	3092	獲	2420	軜	4664
檣	2658	霧	5352	暴	6018	犢	485	貂	4665
檠	2566	匵	2121	曜	3114	犡	474	儵	4748
櫏	2645	鷖	1356	蹟	699	鵠	1786	雙	1769
麵	2477	薯	1645	蹛	999	穡	3325	軀	3921
檼	2643	虷	964	蹄	984	穫	3272	翱	1709

6936

附錄三：筆畫檢字表

邊 840	鯱 5379	鏖 5823	爃 3373	屬 4048
鵧 1789	鯁 5367	鄴 3034	爌 4735	屩 6334
鵔 1794	鯉 5364	鄭 3000	燿 4711	爾 1774
皦 3638	鯇 5368	憖 5039	鵜 1792	轢 2505
魓 4191	鯢 5379	𪖈 4494	瀨 5236	轀 2512
歸 664	鮸 5369	廫 4920	瀆 5185	鞍 2505
膞 4250	鯀 5364	廟 4422	瀍 4986	輻 2512
衛 947	鯜 5368		瀚 5195	韡 1337
遲 4218	鯇 5368	廖 4414	潚 2734	鞭 2505
縶 6074	鰂 5373	瘴 3556	瀅 5015	薈 1192
纇 6042	獷 4658	瘨 3567	瀀 5210	鶩 5362
槃 2662	颺 6137	顏 4157	瀦 5264	燈 976
鎔 2657	颲 6137	癅 3567	瀑 5204	隸 1456
磋 4966	颳 6138	瘰 5326	濺 5286	騷 6088
雒 1792	颱 6138	雜 3966	溜 5162	劈 1995
餸 2343	犧 2058	離 1723	溫 5286	嬪 5721
餳 2333	觴 2058	麖 4595	濼 5102	嬻 5747
鴲 1785	獵 4631	麞 4593	瀧 5213	嬽 5747
翻 1712	鍊 4754	處 2253	瀏 5137	嬫 5747
鵠 1794	餼 5921	繭 4848	瀘 5287	鞏 1343
繆 5322	雛 1722	辯 4231	濾 5212	額 4202
鵪 3095	讀 583	辦 4950	瀅 5287	纇 6061
顏 4179	謹 1109	齋 65	瀉 5287	彝 6061
憂 5665	謳 1164	齌 4686	潘 5235	緅 6073
貙 4502	諸 1174	臍 1913	澫 1358	繡 6074
貐 4503	諤 1188	嬴 4850	懰 5039	繞 5974
雞 1721	謔 1171	旟 3133	竄 3515	繳 6062
餫 2359	諄 1166	旝 3139	竅 3504	總 6018
餲 2341	謨 1175	旋 3129	竈 3497	繚 5971
餺 2358	謾 1174	犨 1765	額 4202	績 5941
餽 2343	競 1235	旛 1754	襟 3938	繹 6012
饂 3354	謜 1223	蕎 1359	襟 3987	繩 6044
餷 2356	謫 1196	糟 2335	禮 3948	繑 6021
鎌 2341	諴 1223	糧 3350	禪 3943	繰 5984
臑 1913	謹 1201	糰 3350	襡 3954	繙 5964
臍 1970	謠 1224	糧 3353	襘 3939	繎 5962
闕 1332	諗 1185	糝 3344	襜 3942	織 5937
簪 2930	謟 1192	類 4178	禱 84	繕 6026
簑 2930	謬 1188	鶖 984	禰 95	緣 5960
鯁 5374	諺 1175	鄤 3006	縈 5042	縛 6022
鯉 5366	褻 3930	燻 4714	闔 5492	繒 5984
鮋 5379	瀨 5332	鄞 3034	璧 127	縕 6074

繘	6044	鵑	1781	藻	353	䴉	5303	蠅	6146
鑾	2294	壋	5453	蘴	213	翻	1710	蠃	6111
雠	1727	馨	2236	藥	404	齟	963	蟾	6124
邋	816	磬	2235	顛	4167	斷	961	蟹	6115
		嚭	2225	韓	2506	齡	962	蟺	6114
一九畫		賣	2920	鎢	3124	鼠	4665	蟻	6124
瓃	136	壞	6220	蘭	254	鏊	151	蠕	6111
瓅	148	攎	5602	薑	205	督	1863	顙	4175
瓊	163	攘	5527	櫗	2734	黼	3641	嚴	607
贄	4178	鵶	1800	櫢	2627	黨	6106	虢	2352
蘩	6079	矑	5496	櫝	2656	矙	1630	顗	4190
櫞	2742	撺	299	麓	2747	矇	1616	颼	6138
顠	4203	蘜	252	櫻	2658	購	2852	嶸	4363
糵	492	蘱	327	櫩	2665	鄭	3032	幰	3622
鬢	4238	蘸	403	櫟	2585	賜	2850	嶹	3598
髻	4238	難	1782	楯	2718	贈	2869	翾	1706
鬟	4234	韡	1351	攀	1300	瞚	1624	舞	3591
髇	4236	輻	6040	櫓	2679	鵑	1800	羆	4671
鬏	4235	轉	1345	蠡	6130	曜	1657	羅	3589
鼀	6145	鞳	1352	罄	2393	闕	5483	嶰	4331
騎	4555	轀	1353	繫	6048	曝	3114	嶵	4364
騠	4577	鞭	1340	蠱	2816	闊	5482	幰	3627
騷	4581	鞫	1336	歠	1355	農	3152	髆	1887
駿	4581	鞦	1342	叢	3600	疊	3153	髈	1908
騏	4528	鞋	1345	醰	6216	闚	5485	攀	5835
騣	4578	蘑	403	醢	2274	關	5477	竈	6147
騾	4561	蘋	403	麗	4598	疇	6277	甖	2328
騸	4582	蘧	208	歟	4138	躃	994	贇	2930
騙	4582	蘆	210	䙨	2495	蹶	984	覴	4118
駴	4529	藺	234	礥	4455	顃	606	覵	4112
騛	4534	蘄	232	礤	4455	蹻	977	鄜	4237
駥	4556	鄞	3012	礙	4450	蹱	1000	犢	472
騷	4569	勸	6339	願	4177	蹯	1000	贊	2863
攉	5648	蠆	326	璽	6195	蹴	979	犡	475
趬	633	勷	404	爇	4170	蹾	994	蠹	6125
趣	629	蘷	5748	貗	4491	蹲	987	穤	3327
趡	654	蘅	404	貚	4491	蹭	995	黎	483
趬	627	薄	237	殰	1865	躁	3587	穩	3321
趒	650	蘼	242	籔	5350	蹬	995	穣	4096
趙	650	蘇	200	霩	5344	蠐	6103	糯	4974
壚	6170	警	1143	霣	5340	蠔	6110	穫	3265
壙	5626	藹	1130	鄱	3007	蠣	6107	穧	3272

6938

穫 3327	鼗 1342	譖 1195	嬴 6107	關 5473
籀 2071	鑫 3374	譋 1205	嬴 1754	羅 6127
簸 2129	飆 6138	讚 1187	嬴 3971	襞 3968
簷 2086	貚 4502	譟 1227	旞 3128	檗 3350
籀 2064	覷 4104	譙 1198	旜 3130	繫 6045
籐 2097	饉 2353	護 1209	旜 3130	鵰 1779
簬 2064	雛 1734	謠 1161	壇 1765	疆 6306
薇 2064	鵬 1774	譌 1188	顙 4177	韝 2504
簽 2119	臘 1926	識 1104	羹 1359	轑 2505
籛 2107	鵰 1726	譜 1213	類 4641	辣 3208
簾 2087	鶄 1785	譜 1184	禮 3363	韡 2504
簿 2120	劊 2010	譔 1093	釋 3349	韜 2504
簒 2107	鄭 3008	證 1201	穣 3363	騖 4525
蕭 2103	鯖 5379	譎 1189	顟 4175	嬿 5692
簸 2102	鯕 5378	戀 1178	爆 4690	嬾 5730
孌 3956	鮫 5369	譏 1175	爍 4727	嬽 5702
鹽 2294	鮨 5379	麑 3938	瀫 5162	嫻 5701
譿 5001	鮒 5380	廛 3374	瀚 5287	孳 1723
儹 3846	鮮 5377	麾 5394	瀟 5262	顢 4171
貉 4663	鯁 5367	嚠 6054	瀨 5177	鶩 4564
犢 3224	鯤 5380	廬 4374	瀝 5225	顥 4169
儹 3780	鯢 5368	癟 3568	瀅 5287	歠 4151
黧 6078	鯨 5380	應 4882	瀕 5293	鶊 1789
儷 3786	鯛 5377	癢 3568	瀣 5262	繮 6040
儀 3846	鮐 5369	癖 3568	瀘 5262	繩 6033
疇 1678	鯚 5377	瘸 3568	瀣 5287	繾 6063
鼁 6147	鯢 5369	癡 3563	瀞 5189	繰 6006
鯖 1792	鯨 5373	癢 3568	瀧 5121	繹 5926
鯎 1789	鯪 5369	麿 3093	瀠 5096	繯 5974
鯢 1792	獵 4652	麒 4593	瀛 5262	繪 5994
雛 1780	獷 4658	廬 4596	潤 5253	繃 6074
魈 4305	氌 2046	魘 4597	瀠 2273	繾 6074
繁 6044	觶 2058	麈 4600	憶 5039	繡 5993
懲 5014	觸 2087	麘 4596	懷 4930	
犨 485	艤 2059	黌 4596	竂 2156	**二〇畫**
德 4969	蠢 6127	辦 1624	竅 3471	酆 2971
頣 4218	遼 831	瓣 3379	額 4161	鵝 1791
罄 1337	鵃 1800	韻 1253	竈 2962	瓌 163
鄶 3041	譊 1171	壅 3376	鵮 1800	瓚 3677
餑 2333	譆 1181	薑 2266	窺 3416	璿 164
餯 2340	講 1186	齋 3262	襤 3939	鷔 4534
餘 2340	譚 1224	蘭 1019	襦 3954	譸 4477

鬘	4239	蘁	3073	礦	4456	蠱	2665	譽	497
鬚	4237	蘄	6314	蠻	6124	蠘	6119	觷	2047
鬐	4219	蘓	405	曇	5353	蠕	6124	斅	1586
鬍	4238	蘁	266	露	5342	蠰	6115	儴	3703
髽	4237	蓁	4545	霎	5693	蠙	148	聽	4663
鬉	4239	蘭	213	霰	4679	蠷	6116	犨	475
鬃	4236	蘍	238	囊	4018	齞	2242	鶊	1801
攉	5648	藦	266	囈	1519	髖	1892	鶖	1781
驊	4582	蘩	405	齜	966	嚶	595	蠱	6127
驃	4582	蘤	406	齘	962	嚼	506	魖	4303
驍	4569	蘗	2707	齔	963	嚱	507	鬐	2059
駼	4539	蘖	406	齡	967	嚨	500	警	1171
騊	4555	蕎	252	齟	963	巽	1259	巇	2295
騤	4578	薇	406	韶	967	巍	4314	巘	1326
騮	4528	薐	251	齠	965	酇	3021	㲨	3374
驕	4573	蘇	406	鹹	5430	嵝	4364	頸	4218
騯	4544	襄	209	獻	4637	巉	3617	耷	4966
驛	4579	麊	217	甗	5868	巃	4363	鐍	2059
騾	4578	龍	255	盧	2267	國	2841	饂	2333
雛	4577	蘬	327	譬	2261	貙	4749	饌	2334
趣	634	蘯	2288	辭	3642	貛	4741	釋	460
趫	654	韓	4534	黨	4745	黥	4742	懇	4895
趨	654	鶒	1800	懸	5039	黤	4750	饒	2344
		藘	260	䀝	1780	髏	1887	饉	2333
趭	628	櫺	2566	鶚	1800	鶻	1780	饎	2335
趮	639	歡	1736	矍	1766	犠	489	餽	2352
趯	633	櫯	2651	曬	1616	籌	2120	饁	2342
趥	635	欖	2734	罌	2391	穄	3248	饍	2359
趲	632	欐	2713	贍	2928	䅽	3335	饌	2335
攖	5526	櫂	2734	贏	2927	穮	3272	饑	2352
攇	4585	櫬	2566	贐	4109	鶿	1788	饀	1242
攔	5633	櫨	2643	嚯	606	籍	2071	臚	1894
攘	5528	糵	2477	闡	5488	籌	2106	騰	4575
壤	6169	櫧	2735	闢	5456	籃	2093	鰈	5378
攏	5648	櫬	2715	闥	5463	籀	2098	鱷	5368
孼	2477	鷗	1785	闠	5492	纂	6014	鰂	5372
譽	1711	鷗	1997	鶪	1794	籌	2070	鯛	5372
馨	3338	飄	6136	曦	3114	譽	1159	鰒	5373
菊	260	醫	2374	躁	1000	酆	3368	鯉	5366
蘸	276	髮	2496	躅	984	酁	3035	鰥	5377
鞻	1353	礪	4462	頻	455	譽	1326	鰌	5368
鞳	1340	礫	4444	蹕	1000	覺	4110	鰌	5364

附錄三：筆畫檢字表

鯿 5366	贏 2880	譬 1094	驅 4561	欖 2714
鰕 5377	嚲 1228	彌 5906	驃 4532	黐 2258
鰌 5363	糯 3363	霶 1739	驄 4582	蠱 6092
獾 4658	糩 3364	巒 1832	驂 4582	覽 4107
飀 6137	糴 3354	肇 3376	驄 4531	鷂 1792
觸 2046	鶖 1791	孀 5748	驕 4582	酈 3034
朧 1970	爐 4735	孀 5707	驔 4534	厴 4428
獠 4755	爛 4714	孅 5703	驗 4552	羇 2133
䌷 4755	爚 4699	孃 5733	赦 654	驎 4184
護 1149	瀲 5137	糵 3372	趨 633	齹 4206
譴 1187	瀾 5287	鶩 1790	趨 650	覿 4118
譟 1175	灌 5087	鶊 1784	趡 629	殲 1872
譫 1196	瀚 5246	齧 3954	醓 2294	躐 2500
譟 1187	瀷 5188	饗 2342	攉 5543	霰 3600
譯 1210	瀨 5214	響 1241	轚 2235	霮 5345
譲 1155	瀾 5146	盇 5909	轚 2235	霸 3164
譆 1183	灞 5153	繻 6008	攜 5552	露 5346
譤 1227	瀺 5229	繻 5996	歙 4132	霊 5041
譣 1130	瀹 5229	繒 6074	鷙 4569	霹 5350
譖 1143	瀺 5169	纆 6020	殻 1796	彪 4278
譣 1227	灂 5143	繩 6047	贛 2235	播 3377
議 1101	瀼 5261	繽 6075	贑 1337	闌 1376
猷 2436	瀧 5207	繼 5954	藂 364	闐 1376
敩 6221	瀣 5219		歡 4122	齰 964
魔 4305	瀾 5129	**二一畫**	藶 361	齫 964
廖 4405	瀰 5288	欏 2040	蘩 310	齦 966
癮 3568	漢 5096	齧 966	蓐 215	齯 962
爍 3562	懽 4947	蠢 6130	蘩 406	齰 966
龎 4402	懺 5041	瓘 120	鶉 1795	齯 966
㶍 4597	寶 3429	瓔 164	權 2578	齩 964
慶 4593	騫 4568	璱 144	檽 2648	齦 964
龖 4600	竇 3501	瓏 131	櫻 2718	齊 2449
慶 4592	鶖 1779	鏊 4689	欄 2735	瞵 1616
麝 4593	寵 3443	藜 6078	欄 2587	贍 2930
辯 5974	竈 66	鶯 1355	農 1326	贓 2930
轙 2488	癙 3528	彌 4475	櫧 2651	嚳 1065
纍 2648	鸉 1781	鬚 4234	鱉 6106	贖 2930
壟 6230	襖 3971	鬚 2810	纇 2477	顧 4168
韇 1293	襟 3944	鬢 4240	櫟 2598	囀 606
靧 4194	襂 3934	顥 4178	欀 2735	闡 5488
竇 6095	襬 3930	攝 5546	權 2735	闢 5462
竆 3973	闈 5463	驎 4582	髅 1891	顥 4189

曩 3084	饇 2374	麝 4598	屬 4039	囍 2235
矓 3101	顤 3637	廱 4372	屭 1765	覿 4117
䜓 3114	鷉 1793	韇 2930	鷖 1359	鷙 1794
躊 1001	鷄 1721	韈 2844	蠹 6129	懿 4811
躋 978	鶐 1792	瓔 4851	礴 5875	聽 5502
躑 1001	餱 2343	顏 4157	灤 5875	槖 2618
鑪 5863	饑 2352	齌 2866	轊 2504	蘿 4673
躍 979	饋 2335	爐 3129	轋 2512	蘵 267
蹴 976	臟 1970	顋 4188	鷞 1781	鷸 1781
罍 2665	朧 1970	齒 962	鑫 191	繫 250
纍 6028	臁 1922	櫼 3354	孆 5727	韃 1351
蠟 6124	朧 3170	顡 5947	嬡 5728	韁 1353
囮 2829	鱧 5367	釂 6146	糞 5391	鞠 3351
囂 1009	鱺 5367	夔 2495	蠱 6130	韂 1337
轤 6144	鰱 5363	爛 4724	戀 6004	難 1782
黤 4749	鰡 5363	爚 4681	續 5956	蘸 375
賜 4741	鯤 5364	爝 4725	纓 6075	麓 315
黤 4750	鰩 5378	鷟 1794	纘 6075	藥 2559
黯 4740	鰰 5369	蘰 6350	纅 5932	蕗 257
黭 4749	鰝 5377	灒 5059	纏 5972	蘡 3348
髓 1889	鱵 5367	薄 5288		驚 4565
體 1888	鰟 5366	濯 5098	**二二畫**	蘋 406
遷 783	鰜 5365	潭 5120	龔 5386	蘋 407
鄭 2955	鱊 5363	詫 5288	瓔 123	甗 4665
餾 3337	鰤 5363	灘 5288	髇 4238	蘁 407
賈 2930	獾 4631	瀘 4586	鬢 4237	權 2735
簪 2335	玁 4658	瀟 5152	鬚 4241	鷯 1781
籔 2089	颺 6136	灑 5105	攤 5634	儿 4109
劉 2074	艤 2059	懍 5003	攞 5648	鸑 2978
藩 2089	遨 709	懼 4935	驍 4538	龝 2477
攀 5584	繩 6144	懺 4965	騨 4534	欉 2558
翟 1780	鶟 1722	豐 3399	騲 4578	鼈 5910
儺 3680	譸 1177	騫 1798	驕 4539	囊 2815
儷 3769	譾 1203	覬 4109	驎 4582	醋 1356
儼 3685	譺 1175	窾 3471	駢 4527	邇 780
儹 3709	嚲 1212	竁 3529	驈 88	鷟 1790
顢 4195	飄 1372	竃 3529	驁 4583	鷞 1779
艫 1791	鵃 1801	顧 4179	驈 4531	糟 1082
衢 957	癰 3568	襱 3944	擾 5580	獵 4237
衞 957	癩 3569	襝 98	趯 652	爐 4805
瞿 875	爛 4232	襄 85	邁 704	鶩 1733
縈 6075	鵲 1801	鶴 1785	聲 2235	霰 5344
鐐 2252	蘆 4593	闇 5449		

靈 151	籙 2120	彎 5888	纗 6076	龓 3177
霸 5352	籥 2120	變 5703	覺 4304	鼙 4822
霹 4119	蠻 5306	孌 5721		鷹 1793
霾 5350	儹 4203	龕 6173	**二三畫**	鷔 5363
霽 5346	鑑 962	龢 6200	瓔 121	鵁 1785
齬 966	鑩 4665	顫 4192	瓚 125	殰 1873
鬥 5333	儻 3818	鷓 1799	瓏 164	魖 4304
曬 1618	囈 2805	癭 3546	瓊 164	靐 5335
瞿 4017	鮷 1688	癬 3550	竈 6148	鷥 2060
鷂 1794	驅 1791	麛 4596	鬚 4239	響 1184
贖 2897	驃 1792	蘭 1019	鬢 4240	齺 962
闥 5492	騾 1791	礕 4453	驖 4533	齰 963
闢 5492	繁 6075	鶻 1794	驪 4531	齮 963
饕 2352	艫 4052	竇 3219	驛 4574	齯 963
躓 986	鱉 4748	鷟 1779	驗 4543	齗 966
躑 1001	穌 1004	糱 4138	驢 4569	醉 964
躐 981	顉 4174	鷺 1794	趲 634	鼟 3376
躚 1001	羅 2387	爟 4727	趡 654	鱸 2245
疊 6307	難 6146	灘 5189		贊 2262
飆 1888	饐 2343	灑 5248	攌 634	龘 3641
嚴 607	齊 2334	瀵 5253	攩 5572	蠢 3092
囁 584	鷸 1734	滴 5224	攫 5601	曬 3094
嚦 1795	臞 1922	瀠 5123	攪 5613	鷳 1793
巉 4341	騰 4748	寒 4927	鶊 1781	飇 6075
巇 2238	鱒 5365	竊 3358	矙 5513	顯 4196
巉 3623	鰉 5369	竈 3497	禧 6259	罐 6092
邐 848	鰵 5365	癰 3529	囏 4902	蠟 6107
巌 4342	鰻 5367	覿 4118	轋 1354	蠱 6133
巔 4742	鱟 5380	權 3988	鞻 1345	蠰 6106
體 1889	鱅 5372	櫑 4048	蔫 251	鸭 1801
髑 1887	鮪 5362	鶚 1360	欑 2676	巘 4364
髖 1892	鰡 5368	罌 5893	戀 5043	嶽 4364
纏 2392	玃 4615	蠱 6132	醫 3351	黲 4741
纑 5863	颸 6139	鶉 1358	蠹 6127	簸 1888
穰 3279	鰈 2044	鞼 2505	彛 3991	籍 1888
穫 3259	邃 6127	韢 2798		罐 2393
靖 2120	譿 1227	牆 2470	黎 5353	罐 2392
籟 3351	讀 1091	螢 6119		籠 6147
籍 2104	讇 1208	孋 5702	黎 5353	顴 483
篷 2096	護 1227	鷋 1780	巖 1538	雉 1733
簶 2088	欒 1304	彎 6082	鼉 4741	鵲 1795
簞 2097	彎 4335	纗 6052	黶 4206	籥 4820
			魘 4306	

6943

蘭	2101	戀	5041	纖	5962	麟	970	讔	1228
籃	2120	驚	1801	纓	6007	麛	963	讕	1205
籥	2073	鷉	1781	纕	6022	鹼	5432	讙	1187
籤	2093	廳	200			矘	1657	讖	1089
籛	2101	摩	5630	**二四畫**		鷥	1786	讒	1195
籠	2097	麛	3335	鷙	4659	蠵	6115	讓	1196
籠	2096	攠	3569	瓛	133	囂	1010	彎	1617
鷿	4583	癩	3569	纛	5923	囑	607	鷓	1793
鷺	4556	癇	3556	籃	4234	羈	3598	癱	3569
䯄	4664	瘓	3569	鬢	4235	顥	4163	癲	3549
䯃	4663	癱	3549	鬢	4234	爨	4833	廳	4598
鑑	4664	譬	4600	攬	5648	羂	3587	廬	4596
鑞	4664	麟	4592	驟	4561	糶	4750	贛	2870
儻	3726	贛	2870	驕	4583	籧	2120	囫	5386
儷	1082	蠱	2295	趨	633	籩	2094	罾	1190
鷗	4170	蠱	6104	趲	651	籬	2120	竈	6145
鱸	1791	聾	5512	趠	650	鷯	1780	爛	4690
鱷	1781	龔	1307	趣	639	鷹	1780	灡	5264
鱉	1792	襲	3935	鏊	2235	蠱	6130	灣	5289
鱒	3632	齋	3376	韁	1349	蠹	1771	灞	5289
徽	4747	贏	4578	難	1782	齈	1687	灝	5234
蘷	984	鸞	1360	蘹	215	驟	1791	灤	5121
艫	4059	鬬	6102	蠱	6094	蟻	1794	竇	5121
龕	5385	爛	4691	囊	407	躦	1791	竈	6127
龍	5323	瀾	5228	齒	238	蠼	4304	盡	2295
鱓	5368	瀘	5257	觀	4104	衢	947	鵡	1779
鱥	5369	濱	5288	櫼	2707	鑄	4735	鸒	1361
鱛	5368	懺	5041	顳	4190	鯢	4110	䃜	1356
鱄	5369	慄	5041	蠹	6129	饞	2334	鬻	1358
鱗	5374	襴	3938	鹽	5430	糦	798	贑	2235
鱒	5363	襖	3988	礦	4448	貜	4506	孋	5709
獾	4646	襫	74	礮	4454	鱷	5373	纖	6023
讌	1227	颿	3147	靄	5341	鯖	5369	纞	6044
諣	1173	馨	4027	靈	151	鱧	5367	蠻	2391
讌	1228	鴦	1362	霱	1767	鱢	5375		
諲	1227	彋	5885	靄	5352	鱮	5366	**二五畫**	
欒	2576	轖	2505	蠶	6125	鱓	6115	欑	4236
彎	3080	鬻	91	闔	1376	鱣	5365	鬢	4235
欒	5191	鷉	1791	鹽	5294	鑫	4607	鬣	4237
攣	5609	纚	6075	鹹	964	艫	2044	趲	634
變	1544	纓	6009	齲	962	腝	1970	虉	348
歠	4120	纘	6059	齪	966	謹	1187	欞	1948
								韉	1351

蘩 407	艣 2057	厴 4740	韇 1349	纊 2261
虊 407	譧 1193	黿 6146	釀 207	鸎 1795
欑 2692	譨 1184	鷔 1727	蘿 198	躅 1001
櫺 2658	調 1192	匷 5856	贛 239	矑 4740
櫼 2698	蠻 6116	顥 4178	囍 967	鬱 2324
櫨 4805	鑽 1924	齔 961	蠱 3209	灥 1771
霏 5336	韢 6175	齟 962	戳 6127	雙 4702
霹 5344	鷹 4600	艫 2258	躩 987	蠶 6132
匵 2094	糶 3358	爨 3364	贖 4747	讜 1208
齫 967	爓 4735	鷯 1781	戳 4741	鷹 4597
齼 964	簾 1004	矚 1657	麶 3304	懿 4954
齰 962	額 4193	躅 1001	籥 4104	驚 1361
鰵 3364	灝 5189	躞 990	鸙 1780	疆 6095
齹 962	灛 5380	麢 1795	鱸 1791	鷩 5867
齠 966	黷 4304	蠹 6132	蠡 5306	糯 2469
齺 962	癩 3528	鷓 1792	鱙 1004	
齲 964	癱 3529	蠶 4743	貜 4503	二九畫
顯 4163	蠖 1744	籫 2093	饡 2340	驪 4527
瞻 1619	闟 5482	虋 1332	鱗 5368	虋 197
曬 3114	關 5473	驃 1785	鱸 5380	鬱 2742
躓 979	彏 1359	辮 1791	讌 1228	虋 2477
躍 975	糴 2778	驊 4499	讜 1213	蠹 6130
蹦 985	鸛 1801	齰 1005	黐 2505	壣 2292
蠅 6124	纜 6008	鰺 5370	犧 2505	舉 1315
黽 6146	總 5991	讚 1228	灣 5289	鱺 5377
黷 4740	纘 5958	鸞 6149	關 5483	讝 1238
黵 4747	繡 5978	鸚 1794	戇 84	癱 3547
勱 6330		灤 5289	蠱 6127	
靉 4690	二六畫	囑 6128	暫 4210	三〇畫
籜 1340	鬭 1374	鸒 1360	饗 2333	驫 4578
籠 2089	鬒 4237	鸛 1361		鸛 1801
簏 2107	驫 4534	鸙 1359	二八畫	鹽 2559
籑 2120	驟 4583	蠹 6127	豓 2245	籠 2096
籓 2093		鷊 1791	園 6132	爨 1330
籓 4663	驪 4535	綾 65	韉 991	鱺 5367
覺 4109	驢 4578		讚 1343	鱸 5365
虌 6305	驢 4583	二七畫	鸛 1793	鸞 1778
饟 2342	薰 408	閮 1376	融 1357	鸑 1360
鱨 5367	戴 4133	驌 4569	粟 3209	鸙 1361
鱍 4138	蕶 222	驤 4541	鷴 1801	
鱣 5380	蘿 327	驥 4544	匵 5859	三一畫
鷙 1778	觀 4104	趨 650	闋 1376	驪 4578

附錄三：筆畫檢字表

齈 1358
纗 6044

三二畫
钀 965
鱻 1344
𩇕 5335
𩇑 2666
籲 4196
鱻 5365
灪 5289

三三畫
欚 3211
麤 1771
鱻 5378
龗 4601

三四畫
欜 2619
籠 5385
龖 5386

三五畫
𪚥 963

三六畫
龗 331
𪚦 1795
麣 4601

三七畫
钃 1360

三八畫
纞 5338
䶮 5353
欞 3935

三九畫
龖 4601

四〇畫
𩇕 5335

钁 1343
龥 1191

附錄四：異體檢字表

二畫
卪 4251

三畫
亐 2199
卄 1270
㞢 2753

四畫
丰 2792
厄 5441
內 2381
匀 4288
印 3856
㠯 6814

五畫
冉 4483
仙 3815
斥 4413
勾 5840
㓞 4982

六畫
匡 5852
刑 2016
巩 1374
吕 3490
年 3281
似 3749
决 5189
并 3865
汙 5216

七畫
苅 237
㕜 4804
虬 6113

別 1881
兌 4071
没 5201
罕 3586
即 2316
尿 4045
陀 6605

八畫
玡 158
表 3930
悉 5010
幸 4795
昔 3095
杯 2661
奈 2537
肯 1958
卓 3857
侣 3817
刹 2022
㣺 4752
朋 1774
服 4055
享 2443
泝 5196
宜 3445
袄 91
届 4026
屈 4043
函 3206

九畫
耺 2039
春 368
敖 2776
挚 1374
挩 5600
盇 2295
華 2798

荆 269
真 3847
柟 2535
柝 2630
栂 2575
柳 2573
畐 2455
栗 3209
要 1324
翄 1702
昺 3107
昷 2285
星 3147
晈 3636
界 6284
罜 3591
秘 63
笄 2086
叜 1387
保 3649
候 3740
侯 2402
叙 1580
脉 5318
脇 1906
狸 4505
胃 4290
疒 3556
彦 4226
前 658
首 4206
玆 284
為 1363
津 5193
恒 6154
宫 3484
袟 3616
衿 3962
剥 2006

屑 4024
羿 1704

一〇畫
悦 5022

一一畫
秙 2658
埶 1371
執 4813
聍 5496
梔 2717
票 4702
雪 5340
累 6028
崐 4352
崘 4353
甜 2160
梨 2534
犁 483
既 2320
猪 4489
猫 4506
訏 1183
髙 2420
孰 1372
産 2792
商 565
敔 1557
焕 4727
烽 4724
淥 5225
涵 5209
寂 3414
启 1520
敢 1859
参 3147

一二畫

琜 123
替 4854
换 5631
聚 2709
黃 6308
散 1951
朝 3118
棋 2678
罿 1315
粟 3211
悳 4881
锥 1791
貴 2920
唤 597
無 5835
税 3301
犂 483
雋 1738
衆 3885
奥 3395
鈃 6398
弑 1491
舜 2498
飫 2343
腊 3095
飱 2340
廄 4384
遊 3133
普 3099
涣 5134
溉 5109
湧 5153
禄 43
塈 6182
尉 4691
弼 5907
强 6095
絶 5950

一三畫

字	頁
瑨	146
塡	6189
搵	5627
携	5552
搖	5583
壺	2827
塞	6258
槪	2660
竪	1462
雷	5335
睢	1793
跡	699
蜂	6127
農	1326
毀	6218
粤	2206
腦	3855
廇	4379
雍	1727
溫	5057
愼	4887
慍	4978
群	1756
媼	5676

一四畫

字	頁
瑤	147
截	5794
槙	2619
槀	2628
榔	2715
裴	3954
蜘	6147
蜱	6127
鉻	6040
蝕	6112
説	1136
豪	4494
瘦	3557
褒	3940
塵	4601

字	頁
熅	4707
慚	5011
褋	6021
隣	2953
嫖	5728
綿	5919
綠	5995

一五畫

字	頁
賣	2777
鞍	1346
奭	1658
槨	2718
輢	6517
敷	1537
輝	4712
暴	3092
閭	5489
畱	3589
稿	3278
曄	2805
髣	1665
衝	947
銳	6420
劍	2034
韶	4210
褎	3945
瘤	3548
魕	6372
獗	1703
緝	6045

一六畫

字	頁
甑	2261
横	2704
橛	2672
賴	2882
臂	2060
霍	1767
噇	657
踴	978
駡	3598

字	頁
嵼	4331
頮	4096
錄	6391
諛	1214
辦	1999
糖	3351
燧	6641
澭	5105
縕	6058

一七畫

字	頁
璨	121
韓	2506
輼	6509
醞	6841
礥	3177
曒	3638
螬	6127
擧	5586
鍭	6432
繇	5921
蟊	6126
斷	6471
謡	1222
應	4882
甕	2391
臀	4027
顁	4171

一八畫

字	頁
擾	5580
鵝	1789
翺	1709
鎭	6417
鎦	6438
餾	2333
颸	6138
癰	3549
顔	4157
燾	4724
霧	3429

一九畫

字	頁
鵲	1795
鶡	1809
藿	198
櫡	2645
鵠	1734
曠	1645
軄	5504
鶉	1733
譁	2798
繳	6044

二〇畫

字	頁
蘇	310
霰	5341
耀	4711
疊	6513
疉	6513
競	1235

二一畫

字	頁
鰲	6148
飆	6136
瓢	1712
鷗	1781
爛	4690
竈	3497

二二畫

字	頁
鑒	6400
饗	2333
鱉	6145

二四畫

字	頁
豔	2245
鷹	1727
贛	2870

二五畫

字	頁
鬪	1374

附錄五：本書所涉文獻目錄

一、秦漢青銅器銘文目錄

西晚[①]·不其簋
西晚或戰早·秦公壺
春早·卜淦口高戈
春早·公戈
春早·秦公鎛
春早·秦公鼎二
春早·秦公鼎一
春早·秦公簋
春早·秦公壺
春早·秦公鐘
春早·秦政伯喪戈之二
春早·秦政伯喪戈之一
春早·秦子戈
春早·秦子簋蓋
春早·秦子矛
春早·囗元用戈
春早·有匾伯喪矛二
春早·有匾伯喪矛一
春早·元用戈
春中·仲滋鼎
春晚·秦公鎛
春晚·秦公簋
春晚·秦王鐘
戰早·吉爲作元用劍
戰早·中攸鼎
戰中·大良造鞅鐓
戰中·杜虎符
戰中·商鞅量
戰中·十三年相邦義戈
戰中·四年相邦樛斿戈
戰中·王八年内史操戈
戰中·王七年上郡守疾戈
戰中·王五年上郡疾戈
戰晚·八年蜀東工戈

戰晚·八年相邦呂不韋戈
戰晚·丞廣弩牙
戰晚·丞相觸戈
戰晚·丞相啓狀戈
戰晚·春成左庫戈
戰晚·大良造鞅戟
戰晚·雕陰鼎
戰晚·二年㱿貫府戈
戰晚·二年上郡守冰戈
戰晚·二年上郡守戈
戰晚·二年少府戈
戰晚·二年寺工讋戈
戰晚·二年宜陽戈二
戰晚·二年宜陽戈一
戰晚·二十六年始皇詔書銅權
戰晚·二十六年蜀守武戈
戰晚·二十年相邦冉戈
戰晚·二十七年上守墒戈
戰晚·二十五年上郡守廟戈
戰晚·二十一年相邦冉戈
戰晚·高陵君鼎
戰晚·高奴戈
戰晚·高奴簋
戰晚·高奴禾石權
戰晚·廣衍戈
戰晚·廣衍矛
戰晚·九年呂不韋戈
戰晚·九年相邦呂不韋戟
戰晚·禮縣獲秦公鼎
戰晚·廩丘戈
戰晚·六年漢中守戈
戰晚·廿二年臨汾守戈
戰晚·廿六年囗囗守戈
戰晚·廿三年少府戈
戰晚·廿一年寺工車𡊄
戰晚·廿一年音或戈
戰晚·七年上郡閒戈
戰晚·七年相邦呂不韋戟

[①] 時代用簡稱：西周晚期簡稱西晚，春秋早期簡稱春早，春秋中期簡稱春中，春秋晚期簡稱春晚，戰國早期簡稱戰早，戰國中期簡稱戰中，戰國晚期簡稱戰晚。

附錄五：本書所涉文獻目錄

戰晚·漆垣戈
戰晚·卅六年私官鼎
戰晚·卅年詔事戈
戰晚·卅七年上郡守慶戈
戰晚·卅三年昭事戈
戰晚·卅四年少府戈
戰晚·三年上郡高戈
戰晚·三年上郡守戈
戰晚·三年相邦矛
戰晚·三年詔事鼎
戰晚·三十二年相邦冉戈
戰晚·三十四年工師文罍
戰晚·三十四年蜀守戈
戰晚·上皋落戈
戰晚·上郡假守鼂戈
戰晚·上郡銅矛
戰晚·上郡武庫戈
戰晚·上五銅條
戰晚·上造但車害
戰晚·卲宮和
戰晚·十八年寺工鈹
戰晚·十二年上郡守壽戈
戰晚·十九年大良造鞅鐓
戰晚·十九年寺工鈹
戰晚·十九年寺工鈹（一）
戰晚·十九年寺工鈹（二）
戰晚·十九年寺工鈹（三）
戰晚·十九年寺工鈹（四）
戰晚·十九年寺工鈹（五）
戰晚·十九年寺工鈹（六）
戰晚·十九年寺工鈹（七）
戰晚·十六年少府戈
戰晚·十六年寺工鈹
戰晚·十年寺工戈
戰晚·十七年丞相啓狀戈
戰晚·十七年寺工鈹
戰晚·十三年上郡守壽戈
戰晚·十三年少府矛
戰晚·十四年口平匽氏戟
戰晚·十四年相邦冉戈
戰晚·十四年屬邦戈
戰晚·十五年寺工鈹

戰晚·十五年寺工鈹（二）
戰晚·四年呂不韋矛
戰晚·四年相邦呂不韋戟
戰晚·四十八年上郡假守鼂戈
戰晚·四十年上郡守起戈
戰晚·四十年上郡守走殳戈
戰晚·寺工矛
戰晚·寺工師初壺
戰晚·筍鼎
戰晚·太后公車害
戰晚·王二十三年秦戈
戰晚·王四年相邦張義戈
戰晚·囗年上郡守戈
戰晚·囗年寺工讋戈
戰晚·囗年相邦呂不韋戈
戰晚·囗陽邑令戈
戰晚·吾宜戈
戰晚·五年相邦呂不韋戈二
戰晚·五年相邦呂不韋戈一
戰晚·五十年詔事戈
戰晚·咸陽四斗方壺
戰晚·相邦冉戈
戰晚·新郪虎符
戰晚·信宮罍
戰晚·枸矛
戰晚·宜陽戈
戰晚·雍工壺
戰晚·左樂兩詔鈞權
戰晚或秦代·軹簋
戰晚或秦代·棫陽鼎
戰晚或秦代·寺工矛一
戰晚或秦代·咸陽鼎
戰晚或秦代·元年上郡假守暨戈
戰國·十五年上郡守壽戈
戰國·四年相邦呂戈
秦代·少府矛
秦代·北私府銅橢量
秦代·大官盉
秦代·大騩銅權
秦代·二世元年詔版一
秦代·樂府鐘
秦代·麗山園鐘

秦代·兩詔銅橢量三
秦代·兩詔銅橢量一
秦代·美陽銅權
秦代·始皇二十六年殘詔版
秦代·始皇十六斤銅權一
秦代·始皇十六斤銅權二
秦代·始皇十六斤銅權三
秦代·始皇十六斤銅權四
秦代·始皇詔八斤權一
秦代·始皇詔八斤權二
秦代·始皇詔版一
秦代·始皇詔銅方升一
秦代·始皇詔銅權一
秦代·始皇詔銅權二
秦代·始皇詔銅權三
秦代·始皇詔銅權九
秦代·始皇詔銅權十
秦代·始皇詔銅橢量一
秦代·始皇詔銅橢量二
秦代·始皇詔銅橢量四
秦代·始皇詔銅橢量五
秦代·始皇詔銅橢量六
秦代·銅車馬當顱
秦代·武城銅橢量
秦代·咸陽亭半兩銅權
秦代·旬陽壺
秦代·旬邑銅權
秦代·陽陵虎符
秦代·元年丞相斯戈
秦代·元年相邦疾戈
秦代·元年詔版二
秦代·元年詔版三
秦代·元年詔版五
邵宮盉·秦銅圖版 194
蜀西工戈·秦銅圖版 206
漢銘（漢代銅器銘文綜合研究·下編·文字編）

二、秦漢魏晉簡紙簡稱對照表

簡稱	原書名
里	里耶秦簡
馬貳	長沙馬王堆漢墓簡帛集成貳
馬壹	長沙馬王堆漢墓簡帛集成壹
金關	肩水金關漢簡（壹貳叁）
睡	睡虎地秦簡
居	居延新簡
北貳	北京大學藏西漢竹書（貳）
北壹	北京大學藏西漢竹書（壹）
東牌樓	長沙東牌樓東漢簡牘
敦煌簡	敦煌漢簡
關	關沮秦漢墓簡牘
孔	隨州孔家坡漢墓簡牘
武	武威漢簡
銀貳	銀雀山漢墓竹簡貳
銀壹	銀雀山漢墓竹簡壹
嶽	嶽麓秦簡（壹貳叁）
張	張家山漢墓竹簡
吳簡嘉禾	長沙走馬楼三國吳簡-嘉禾吏民田家莂
魏晉殘紙	樓蘭漢文簡紙文書集成

三、秦漢六朝石刻文獻目錄

石鼓·田車
石鼓·作原
石鼓·汧殹
石鼓·吳人
石鼓·車工
石鼓·而師
石鼓·霝雨
石鼓·鑾車
石鼓·馬薦
石鼓·吾水
詛楚文·沈湫
詛楚文·亞駝
詛楚文·巫咸
秦公大墓石磬
秦駰玉版
秦明瓊
泰山刻石
瑯琊刻石
懷后磬
西漢·王陵塞石
西漢·楊量買山地記
西漢·霍去病墓題字
西漢·魯北陛石題字
西漢·李后墓塞石
西漢·麃孝禹碑
西漢·楚王墓塞石銘
西漢·黃腸石
西漢·群臣上醻碑
新莽·馮孺人題記
新莽·萊子侯刻石
新莽·禳盜刻石
新莽·蘇馬灣刻石
新莽·羊窩頭刻石
東漢·西狹頌
東漢·熹平石經殘石二
東漢·熹平石經殘石一
東漢·向壽碑
東漢·薌他君石柱題記額
東漢·咸陽田界石
東漢·鮮於璜碑陽
東漢·鮮於璜碑額
東漢·鮮于璜碑陰
東漢·鮮于璜碑陽
東漢·仙人唐公房碑陽
東漢·析里橋郙閣頌
東漢·熹平元年墓石
東漢·西狹頌額
東漢·熹平石經殘石五
東漢·熹平石經殘石四
東漢·熹平石經殘石三
東漢·熹平殘石
東漢·西南之精鎮墓刻石
東漢·西岳神符鎮墓石
東漢·西岳華山廟碑陽
東漢·西岳華山廟碑額
東漢·夏承碑
東漢·司徒袁安碑
東漢·孫仲隱墓刻石
東漢·孫仲陽建石闕題記
東漢·孫大壽碑額
東漢·孫琮畫像石墓題記
東漢·宋伯望買田刻石左
東漢·宋伯望買田刻石正
東漢·宋伯望買田刻石右
東漢·宋伯望買田刻石背
東漢·嗚咽泉畫像石墓題記
東漢·四神刻石
東漢·泰山都尉孔宙碑額
東漢·司馬芳殘碑額
東漢·司馬芳殘碑
東漢·司馬長元石門題記
東漢·踈夫規冢刻石
東漢·叔原舉治黃腸石
東漢·是吾殘碑
東漢·侍御史李公闕
東漢·史晨前碑
東漢·史晨後碑
東漢·祀三公山碑
東漢·王舍人碑
東漢·武氏石室祥瑞圖題字

附錄五：本書所涉文獻目錄

東漢·武氏前石室畫像題字
東漢·五瑞圖摩崖
東漢·校官碑
東漢·文叔陽食堂畫像石題記
東漢·魏元丕碑額
東漢·衛尉卿衡方碑
東漢·爲父通作封記刻石
東漢·王子移葬誌
東漢·太室石闕銘
東漢·王威畫像石墓題記
東漢·太尉府門畫像石題記
東漢·王景信崖墓題記
東漢·王得元畫像石墓題記
東漢·銅山大廟鎮畫像石題記
東漢·桐柏淮源廟碑
東漢·田文成畫像石題記
東漢·滕州永元十年畫像石題記
東漢·陶洛殘碑陰
東漢·陶洛殘碑陽
東漢·武氏左石室畫像題字
東漢·王孝淵碑
東漢·元嘉元年畫像石墓題記二
東漢·永平四年畫像石題記
東漢·張遷碑陽
東漢·張遷碑額
東漢·張景造土牛碑
東漢·張角等字殘碑
東漢·張表造虎函題記
東漢·袁敞殘碑
東漢·張盛墓記
東漢·元嘉元年畫像石墓題記一
東漢·張文思造石闕題記
東漢·元嘉元年畫像石墓題記
東漢·元嘉三年畫像石題記
東漢·元和三年畫像石題記
東漢·圉令趙君碑
東漢·餘草等字殘碑
東漢·永壽元年畫像石闕銘
東漢·陽三老石堂畫像石題記
東漢·元孫殘碑
東漢·正直殘碑
東漢·佐孟機崖墓題記

東漢·左達治黄腸石
東漢·子游殘碑
東漢·卓異等字殘碑
東漢·諸掾造冢刻石
東漢·中平三年摩崖題字
東漢·執金吾丞武榮碑
東漢·張遷碑陰
東漢·鄭季宣殘碑
東漢·永和一年崖墓題記
東漢·趙儀碑
東漢·趙寬碑額
東漢·趙寬碑
東漢·趙菿殘碑額
東漢·趙菿殘碑
東漢·昭覺石表
東漢·張仲有修通利水大道刻石
東漢·鄭季宜碑
東漢·延熹畫像石墓門題記
東漢·永壽元年畫像石墓記
東漢·岐子根畫像石墓題記
東漢·楊德安題記
東漢·石堂畫像石題記
東漢·陽嘉二年崖墓題記
東漢·陽嘉殘碑陰
東漢·陽嘉殘碑陽
東漢·楊淮表記
東漢·顏威山崖墓題記
東漢·楊叔恭殘碑
東漢·延平元年刻石
東漢·延光四年殘碑
東漢·許安國墓祠題記
東漢·許阿瞿畫像石題記
東漢·徐州□□三年七月刻石
東漢·徐無令畫像石墓題記
東漢·行事渡君碑
東漢·燕然山銘
東漢·姚孝經墓磚
東漢·永和二年畫像石題記
東漢·營陵置社碑
東漢·應遷等字殘碑
東漢·尹宙碑額
東漢·尹宙碑

6953

附錄五：本書所涉文獻目錄

東漢·尹武孫崖墓題記
東漢·殷比干墓前刻石
東漢·楊耿伯題記
東漢·乙瑛碑
東漢·新津崖墓題記
東漢·楊子輿崖墓題記
東漢·楊著碑陽
東漢·楊著碑額
東漢·楊震碑
東漢·楊統碑陽
東漢·楊統碑額
東漢·楊叔恭殘碑側
東漢·益州牧楊宗闕
東漢·冠軍城石柱題名
東漢·浚縣延熹三年畫像石題記
東漢·漢建安殘石
東漢·韓仁銘額
東漢·韓仁銘
東漢·郭稚文畫像石墓題記
東漢·郭季妃畫像石墓題記
東漢·和平元年畫像石墓題記
東漢·觀音廟漢墓殘碑
東漢·華岳廟殘碑陰
東漢·故侍中楊公闕
東漢·公乘田魴畫像石墓題記
東漢·耿勳碑
東漢·庚午等字殘碑
東漢·更黃腸掾王條主石
東漢·高頤闕銘東
東漢·馮使君神道闕
東漢·郭夫人畫像石墓題記
東漢·建和三年崖墓題記
東漢·譙敏碑
東漢·靜仁等字殘碑
東漢·景君碑
東漢·江津延熹二年崖墓題記
東漢·建塢刻石
東漢·建寧元年殘碑
東漢·何君閣道銘
東漢·建寧殘碑
東漢·費孫治黃腸石
東漢·簡陽畫像石棺題榜

東漢·賈仲武妻馬姜墓記
東漢·季度銘
東漢·會仙友題刻
東漢·黃晨黃芍墓磚
東漢·皇女殘碑
東漢·桓矞食堂畫像石題記
東漢·建寧三年殘碑
東漢·伯興妻殘碑
東漢·成都永元九年闕題記
東漢·陳元等字殘碑
東漢·朝侯小子殘碑
東漢·曹全碑陰
東漢·曹全碑陽
東漢·倉頡廟碑側
東漢·馮緄碑
東漢·簿書殘碑
東漢·成陽靈臺碑
東漢·北海相景君碑陰
東漢·北海相景君碑陽
東漢·北海相景君碑額
東漢·北海太守爲盧氏婦刻石
東漢·白石神君碑額
東漢·白石神君碑
東漢·阿貴造陰宅磚
東漢·倉頡廟碑
東漢·東漢·婁壽碑額
東漢·開母廟石闕銘
東漢·肥致碑
東漢·樊敏碑額
東漢·樊敏碑
東漢·貳用等字殘碑
東漢·東漢望都一號墓佚名墓銘
東漢·東漢·魯峻碑陽
東漢·成都永元六年闕題記
東漢·東漢·婁壽碑陽
東漢·成都中平四年墓門題記
東漢·東安漢里刻石
東漢·蕩陰里等字殘石
東漢·黨錮殘碑
東漢·大吉山摩崖刻石
東漢·崔顯人墓磚
東漢·從事馮君碑

附錄五：本書所涉文獻目錄

東漢·封龍山頌
東漢·東漢·婁壽碑陰
東漢·買田約束石券
東漢·舉孝廉等字殘碑
東漢·毗上等字殘碑
東漢·裴岑紀功碑
東漢·牛公產畫像石墓題記
東漢·秥蟬縣平山神祠碑
東漢·繆紆誌
東漢·相張壽殘碑
東漢·門生等字殘碑陰
東漢·虔恭等字殘碑
東漢·洛陽刑徒磚
東漢·洛陽令王稚子闕
東漢·洛陽黃腸石一
東漢·洛陽黃腸石五
東漢·洛陽黃腸石四
東漢·洛陽黃腸石三
東漢·洛陽黃腸石六
東漢·孟孝琚碑
東漢·上庸長等字殘石
東漢·石門頌
東漢·石門闕銘
東漢·石祠堂石柱題記額
東漢·石祠堂石柱題記
東漢·沈府君神道闕
東漢·少室石闕題名
東漢·七言摩崖題記
東漢·尚博殘碑
東漢·履和純等字殘碑
東漢·上計史王暉石棺銘
東漢·善言者無題刻
東漢·三老諱字忌日刻石
東漢·三公山碑
東漢·任城王墓黃腸石
東漢·秦君神道石闕
東漢·作石獅題字
東漢·少室石闕銘
東漢·孔宙碑陰
東漢·李禹通閣道記
東漢·李孟初神祠碑
東漢·李固殘碑

東漢·李冰石像銘
東漢·離石畫像石墓題記
東漢·樂安利等字殘碑
東漢·洛陽黃腸石二
東漢·寬以濟猛殘碑
東漢·禮器碑
東漢·孔宙碑陽
東漢·孔少垂墓碣
東漢·孔宏碑
東漢·孔德讓碑
東漢·孔彪碑陽
東漢·孔褒碑
東漢·開通褒斜道摩崖刻石
東漢·郎中鄭固碑
東漢·劉平國崖刻石下
東漢·石獅子題記
東漢·呂仲左郎刻石
東漢·路公食堂畫像石題記
東漢·魯峻碑陽
東漢·婁壽碑陽
東漢·婁壽碑額
東漢·柳敏碑
東漢·李昭碑
東漢·劉熊碑
東漢·里仁誦德政碑
東漢·劉君石柱殘石
東漢·劉君墓石羊題字
東漢·劉君殘碑
東漢·立朝等字殘碑
東漢·禮器碑陰
東漢·禮器碑側
東漢·洛陽黃腸石八
東漢·劉曜殘碑
新莽·高彥墓磚
西漢·山東金鄉漢墓鎮墓文
西漢·治河刻石
東漢·鮮於璜碑陰
漢朝·食齋祠園畫像石題記
西漢·石墻村刻石
三國吳·買冢城磚
三國吳·浩宗買地券
三國吳·谷朗碑

6955

附錄五：本書所涉文獻目錄

三國吳·天發神讖碑
三國吳·山前買地券
三國蜀·姚立買石題記
晉·張纂誌蓋
晉·趙府君闕
晉·張纂誌
晉·張永昌神柩刻石
晉·永安侯石
晉·司馬芳殘碑額
晉·司馬芳殘碑
晉·洛神十三行
晉·劉韜誌
晉·黃庭內景經
晉·大中正殘石
晉·□□誌
晉·鄭舒妻劉氏殘誌
三國魏·三體石經尚書·古文
三國魏·三體石經尚書·隸書
三國魏·三體石經尚書·篆文
三國魏·三體石經春秋·篆文
三國魏·上尊號碑額
三國魏·霍君神道
三國魏·上尊號碑
三國魏·張君殘碑
三國魏·鮑寄神座
三國魏·曹真殘碑
三國魏·陳蘊山誌
三國魏·范式碑
三國魏·范式碑額
三國魏·管寧誌
三國魏·李苞題記
三國魏·黃初殘碑
三國魏·三體石經春秋·隸書
三國魏·孔羨碑
三國魏·受禪表
三國魏·呂猛妻馬磚誌
三國魏·三體石經殘·古文
三國魏·三體石經殘·隸書
三國魏·三體石經殘·篆文
三國魏·三體石經春秋·古文
三國魏·何晏磚誌
三國魏·毋丘儉殘碑

三國魏·五官掾功碑
三國魏·西鄉侯兄張君殘碑
三國魏·謝君神道碑
三國魏·咸熙元年題字
三國魏·王基斷碑
西晉·羊祜誌
西晉·孫氏碑額
西晉·孫松女誌
西晉·王君殘誌
西晉·王君侯碑
西晉·王君神道闕
西晉·魏雛柩銘
西晉·司馬馗妻誌
西晉·荀岳誌
西晉·魯銓表
西晉·張伯通造像
西晉·張朗誌
西晉·張朗誌蓋
西晉·趙氾表
西晉·左棻誌
西晉·徐義誌
西晉·和國仁碑
西晉·杜謖門題記
西晉·成晃碑
西晉·成晃碑額
西晉·郛休碑
西晉·管洛誌
西晉·管洛誌蓋
西晉·裴祗誌
西晉·韓壽碣
西晉·石尠誌
西晉·華芳誌
西晉·臨辟雍碑
西晉·臨辟雍碑額
西晉·劉寶誌
西晉·南鄉太守郛休碑
西晉·石定誌
西晉·郭槐柩記
西晉·郛休碑額
東晉·霍□誌
東晉·王丹虎誌
東晉·宋和之誌

附錄五：本書所涉文獻目錄

東晉·潘氏衣物券
東晉·孟府君誌
東晉·劉媚子誌
東晉·劉尅誌
東晉·李纂武氏誌
東晉·筆陣圖
東晉·李緝陳氏誌
東晉·王康之誌
東晉·黃庭經
東晉·高崧妻誌
東晉·高句麗好太王碑
東晉·爨寶子碑額
東晉·爨寶子碑
東晉·緼侯磚記
東晉·李摹誌
東晉·謝球誌
東晉·朱曼妻薛氏買地券
東晉·張鎮誌
東晉·楊陽神道闕
東晉·王德光誌
東晉·謝溫誌
東晉·王建之誌
東晉·謝鯤誌
東晉·夏金虎誌
東晉·温式之誌
東晉·温嶠誌
東晉·王企之誌
東晉·王閩之誌
東晉·顔謙妻劉氏誌
北朝·趙阿令造像
北朝·張度等人造像
北朝·十六佛名號
北朝·千佛造像碑
北朝·于敬邕等造像
十六國前燕·李廆誌
十六國前燕·元璽四年磚
十六國後燕·曹遹表
十六國北涼·沮渠安周造像
十六國後秦·呂他表
十六國後秦·呂憲表
十六國趙·王真保誌
十六國趙·元氏縣界封刻石

十六國趙·魯潛誌
十六國趙·石孔刻石
十六國前秦·鄧艾祠堂碑
十六國前秦·護國定遠侯誌
十六國前秦·定遠侯誌
十六國前秦·梁舒表
北魏·王僧男誌
北魏·王温誌
北魏·王阿善造像
北魏·王昌誌
北魏·王蕃誌
北魏·王基誌
北魏·王君妻韓氏誌
北魏·王誦誌
北魏·王普賢誌
北魏·王禎誌
北魏·王僧男誌蓋
北魏·王紹誌
北魏·王神虎造像
北魏·王誦妻元妃誌
北魏·王遺女誌
北魏·王誦妻元氏誌
北魏·王珒奴誌
北魏·奚真誌
北魏·秦洪誌蓋
北魏·薛法紹造像
北魏·薛伯徽誌
北魏·許和世誌
北魏·徐淵誌
北魏·兄弟姊妹造像
北魏·邢偉誌
北魏·邢安周造像
北魏·辛祥誌
北魏·辛穆誌
北魏·謝伯達造像
北魏·鮮于仲兒誌
北魏·王翊誌
北魏·奚智誌
北魏·萬福榮造像
北魏·無名氏誌
北魏·吳子璨妻秦氏誌
北魏·吳屯造像

附錄五：本書所涉文獻目錄

北魏·吳光誌
北魏·吳高黎誌
北魏·溫泉頌
北魏·魏文朗造像
北魏·尉氏誌
北魏·尉遲氏造像
北魏·韋彧誌
北魏·王遵敬葬甎
北魏·陶浚誌
北魏·王悅及妻郭氏誌
北魏·席盛誌
北魏·山徽誌
北魏·吐谷渾氏誌
北魏·司馬紹誌
北魏·司馬金龍墓表
北魏·司馬昞誌蓋
北魏·司馬昞誌
北魏·叔孫協及妻誌
北魏·始平公造像
北魏·石育及妻戴氏誌
北魏·石婉誌
北魏·石門銘
北魏·石黑奴造像
北魏·師僧達等造像
北魏·司馬顯姿誌
北魏·鄫乾誌
北魏·司馬悅誌
北魏·山暉誌
北魏·山公寺碑頌
北魏·僧暈造像
北魏·僧欣造像
北魏·僧暉造像
北魏·卅一人造像
北魏·冗從僕射造像
北魏·染華誌
北魏·屈突隆業誌
北魏·丘哲誌
北魏·清河王妃胡殘刻
北魏·青州元湛誌
北魏·秦紹敬等造像
北魏·鄯月光誌
北魏·孫寶憘造像

北魏·吐谷渾璣誌
北魏·薛孝通敘家世券
北魏·唐雲誌
北魏·唐耀誌
北魏·譚棻誌
北魏·檀賓誌王神虎造
北魏·檀賓誌
北魏·太基山銘告
北魏·太妃侯造像
北魏·塔基石函銘刻
北魏·孫永安造像
北魏·孫秋生造像
北魏·司馬王亮等造像
北魏·孫標誌
北魏·薛慧命誌蓋
北魏·蘇屯誌
北魏·蘇胡仁題記
北魏·宋紹祖誌
北魏·宋靈妃誌蓋
北魏·宋靈妃誌
北魏·宋景妃造像
北魏·宋虎誌
北魏·嵩顯寺碑額
北魏·嵩高靈廟碑額
北魏·嵩高靈廟碑
北魏·四耶耶骨棺蓋
北魏·四十一人等造像
北魏·四百人造像
北魏·孫遼浮圖銘記
北魏·元恩誌
北魏·元徽誌
北魏·元煥誌蓋
北魏·元煥誌
北魏·元懷誌
北魏·元華光誌
北魏·元弘嬪侯氏誌
北魏·元顥誌
北魏·元過仁誌
北魏·元廣誌
北魏·元固誌
北魏·元恭誌
北魏·元敷誌

附錄五：本書所涉文獻目錄

北魏·元斌誌　　　　　　　　北魏·元冏誌
北魏·元氾略誌　　　　　　　北魏·元舉誌
北魏·元譿誌　　　　　　　　北魏·元舉誌蓋
北魏·元端誌　　　　　　　　北魏·元均之誌
北魏·元端妻馮氏誌　　　　　北魏·元誨誌
北魏·元定誌　　　　　　　　北魏·元鑒妃吐谷渾氏誌
北魏·元道隆誌　　　　　　　北魏·楊縵黑造像碑
北魏·元誕業誌　　　　　　　北魏·楊宣碑額
北魏·元純陀誌　　　　　　　北魏·楊熙僊誌
北魏·元崇業誌　　　　　　　北魏·楊無醜誌蓋
北魏·元澄妃誌　　　　　　　北魏·楊無醜誌
北魏·元澄妃李氏誌　　　　　北魏·楊暐誌
北魏·元萇温泉頌　　　　　　北魏·楊泰誌
北魏·元璨誌　　　　　　　　北魏·楊順誌
北魏·元伯楊誌　　　　　　　北魏·楊順妻吕氏誌蓋
北魏·薛慧命誌　　　　　　　北魏·楊順妻吕氏誌
北魏·元昉誌　　　　　　　　北魏·楊舒誌
北魏·元濬嬪耿氏誌　　　　　北魏·楊叔貞誌
北魏·元謐誌　　　　　　　　北魏·楊氏誌
北魏·元謐妃馮會誌　　　　　北魏·元伯陽誌
北魏·元孟輝誌　　　　　　　北魏·楊乾誌
北魏·元茂誌　　　　　　　　北魏·靜度造像
北魏·元洛神誌蓋　　　　　　北魏·楊侃誌
北魏·元洛神誌　　　　　　　北魏·楊君妻崔氏誌
北魏·元略誌　　　　　　　　北魏·楊濟誌
北魏·元鸞誌　　　　　　　　北魏·楊機妻梁氏誌
北魏·元龍誌　　　　　　　　北魏·楊何真造像
北魏·元靈曜誌　　　　　　　北魏·楊豐生造像
北魏·元禮之誌　　　　　　　北魏·楊範誌
北魏·元理誌　　　　　　　　北魏·楊遁誌
北魏·元朗誌　　　　　　　　北魏·楊大眼造像
北魏·元賄誌　　　　　　　　北魏·楊播誌
北魏·元進誌　　　　　　　　北魏·楊阿真造像
北魏·元彬誌　　　　　　　　北魏·楊阿紹造像碑
北魏·元繼誌　　　　　　　　北魏·嚴震誌
北魏·元繼誌蓋　　　　　　　北魏·楊乾誌蓋
北魏·元簡妃誌蓋　　　　　　北魏·尹愛姜等造像
北魏·元簡誌　　　　　　　　北魏·元弼誌
北魏·元尰誌　　　　　　　　北魏·元寶月誌蓋
北魏·元鑒誌　　　　　　　　北魏·元寶月誌
北魏·元恪嬪李氏誌　　　　　北魏·劉華仁誌
北魏·元景石窟記　　　　　　北魏·元保洛誌

北魏·宇文永妻誌
北魏·魚玄明誌
北魏·於遷等造像
北魏·于纂誌蓋
北魏·于纂誌
北魏·于仙姬誌蓋
北魏·于仙姬誌
北魏·于景誌
北魏·楊胤季女誌
北魏·姚伯多碑
北魏·南石窟寺碑額
北魏·楊穎誌
北魏·鞠彥雲誌
北魏·楊幼才誌
北魏·楊昱誌
北魏·遊息題字
北魏·楊遵智誌
北魏·尹祥誌
北魏·堯遵誌
北魏·一弗造像
北魏·伊□造像
北魏·殷伯姜誌
北魏·銀青光祿大夫于纂誌
北魏·楊胤誌
北魏·楊仲宣誌
北魏·劇市誌
北魏·蘭將誌蓋
北魏·蘭將誌
北魏·寇治誌蓋
北魏·寇治誌
北魏·寇臻誌
北魏·寇演誌
北魏·寇霄誌
北魏·寇慰誌
北魏·寇憑誌
北魏·寇猛誌
北魏·寇侮誌蓋
北魏·封魔奴誌
北魏·康健誌
北魏·段峻德誌
北魏·爾朱襲誌蓋
北魏·法生造像

北魏·法文法隆等造像
北魏·法險造像
北魏·法香等建塔記
北魏·法行造像
北魏·法義一百餘人造像
北魏·法雲等造像
北魏·樊奴子造像
北魏·范國仁造像
北魏·封和突誌
北魏·甯懋誌
北魏·寇侮誌
北魏·道暈造像
北魏·成嬪誌
北魏·程法珠誌
北魏·處士元誕誌
北魏·慈慶誌
北魏·慈香慧政造像
北魏·崔承宗造像
北魏·崔鴻誌
北魏·崔敬邕誌
北魏·崔隆誌
北魏·崔勳造像
北魏·崔獻誌
北魏·大般涅槃經偈
北魏·爾朱襲誌
北魏·道慧造石浮圖記
北魏·爾朱紹誌
北魏·登百峯詩
北魏·鄧定安造像
北魏·邸元明碑
北魏·刁遵誌
北魏·弔比干文
北魏·東堪石室銘
北魏·董偉誌
北魏·杜法真誌
北魏·杜遷題記
北魏·杜文慶造像
北魏·杜永安造像
北魏·封昕誌
北魏·道充等造像
北魏·韓顯宗誌
北魏·公孫猗誌蓋

附錄五：本書所涉文獻目錄

北魏·緱光姬誌	北魏·高猛妻元瑛誌
北魏·緱靜誌	北魏·高猛誌
北魏·笱景誌	北魏·高慶碑
北魏·笱景誌蓋	北魏·高樹解伯都等造像
北魏·觀海童詩刻石	北魏·高思雍造像
北魏·郭□買地券	北魏·高唐縣君楊氏誌
北魏·郭定興誌	北魏·高兇造像
北魏·郭法洛造像	北魏·高英誌
北魏·郭魯勝造像	北魏·高照容誌
北魏·郭顯誌	北魏·高貞碑
北魏·封君妻誌	北魏·給事君妻韓氏誌
北魏·韓氏誌	北魏·常襲妻崔氏誌
北魏·根法師碑	北魏·高慧造像
北魏·韓顯宗誌蓋	北魏·劉璿等造像
北魏·韓顯祖等造像	北魏·長孫季誌
北魏·韓顯祖造像	北魏·長孫盛誌
北魏·韓玄誌	北魏·長孫瑱誌
北魏·元倖誌	北魏·長孫忻誌
北魏·韓曳雲造像	北魏·長孫子澤誌
北魏·元晫誌	北魏·常季繁誌
北魏·韓貞造象	北魏·常申慶造像
北魏·韓震誌	北魏·劉江女誌
北魏·和醜仁誌	北魏·劉景和造像
北魏·和邃誌	北魏·劉氏誌
北魏·和邃誌蓋	北魏·劉文朗造像
北魏·韓賄妻高氏誌	北魏·陳天寶造像
北魏·高洛周造象	北魏·劉賢誌蓋
北魏·馮會誌	北魏·曹天度造像
北魏·馮季華誌	北魏·劉玉誌
北魏·馮神育造像	北魏·劉滋誌
北魏·馮迎男誌	北魏·龍泉古井銘
北魏·馮邕妻元氏誌	北魏·盧令媛誌
北魏·伏君妻呰雙仁誌	北魏·盧子真夫人誌
北魏·嘎仙洞祝文	北魏·盧子真夫人誌石
北魏·高道悅誌	北魏·魯衆題記
北魏·高伏德造像	北魏·陸孟暉誌
北魏·高廣誌	北魏·陸紹誌
北魏·高珪誌	北魏·論經書詩
北魏·高衡造像	北魏·馬□造像
北魏·公孫猗誌	北魏·馬鳴寺根法師碑
北魏·高琨誌	北魏·劉賢誌
北魏·耿壽姬誌	北魏·穆循誌蓋

附錄五：本書所涉文獻目錄

北魏·乞伏寶誌
北魏·錡雙胡造像
北魏·普泰元年四面造像
北魏·皮演誌
北魏·蓬萊題字
北魏·寧想誌
北魏·赫連悅誌
北魏·南石窟寺碑
北魏·穆纂誌蓋
北魏·穆纂誌
北魏·穆玉容誌蓋
北魏·穆玉容誌
北魏·曹永誌
北魏·穆彥誌
北魏·曹望憘造像
北魏·穆循誌
北魏·穆紹誌
北魏·穆亮誌
北魏·慕容纂誌
北魏·彌勒頌碑
北魏·孟元華誌
北魏·淨悟浮圖記
北魏·解伯都等造像
北魏·鞠彥雲誌蓋
北魏·□伯超誌
北魏·白房生造像
北魏·焦兒奴造像
北魏·穆彥誌蓋
北魏·李蕤誌
北魏·馬振拜造像
北魏·侯太妃自造像
北魏·侯剛誌蓋
北魏·侯剛誌
北魏·劉阿素誌
北魏·靈山寺塔銘
北魏·梁氏殘誌
北魏·梁國鎮將元舉誌
北魏·李遵誌蓋
北魏·李遵誌
北魏·李彰誌
北魏·李媛華誌
北魏·侯愔誌

北魏·李頤誌
北魏·侯掌誌
北魏·李慶容誌
北魏·李謀誌蓋
北魏·李謀誌
北魏·李林誌
北魏·李榘蘭誌
北魏·李暉儀誌
北魏·李端誌
北魏·李超誌
北魏·李伯欽誌
北魏·李璧誌
北魏·常文遠造像
北魏·秦洪誌
北魏·李元姜誌
北魏·惠感造像
北魏·常岳等造像
北魏·賈思伯碑
北魏·賈良造像
北魏·賈景等造像
北魏·賈瑾誌蓋
北魏·賈瑾誌
北魏·霍揚碑額
北魏·慧雙等造像
北魏·慧靜誌
北魏·慧暢造像
北魏·劉保生造像
北魏·惠榮造像
北魏·侯義誌
北魏·惠猛誌
北魏·孟敬訓誌
北魏·暉福寺碑額
北魏·暉福寺碑
北魏·皇興五年造像
北魏·皇甫驎誌
北魏·皇帝東巡碑額
北魏·懷令李超誌
北魏·華山郡主誌銘
北魏·扈氏造像
北魏·胡顯明誌
北魏·胡屯進誌
北魏·胡明相誌蓋

6962

附錄五：本書所涉文獻目錄

北魏·胡明相誌
北魏·惠詮等造像
北魏·翟普林造像
北魏·元子正誌
北魏·元子正誌蓋
北魏·元子直誌
北魏·元鑽遠誌
北魏·元纂誌
北魏·員標誌
北魏·元誘妻馮氏誌
北魏·源延伯誌
北魏·元璪誌
北魏·張安姬誌
北魏·張安姬誌蓋
北魏·張安世造像碑
北魏·張九娃造像
北魏·張列華誌
北魏·張盧誌
北魏·袁超造像
北魏·元悅誌
北魏·元誘誌
北魏·元羽誌
北魏·元彧誌
北魏·元毓誌
北魏·元毓誌蓋
北魏·元瑗誌
北魏·元子永誌
北魏·元悅修治古塔碑銘
北魏·元周安誌
北魏·元則誌
北魏·元瞻誌
北魏·元昭誌
北魏·元哲妻造像
北魏·元珍誌
北魏·元楨誌
北魏·張寧誌
北魏·元願平妻王氏誌
北魏·鄭君妻誌
北魏·張猛隆碑
北魏·趙謐誌
北魏·甄凱誌
北魏·徵虜將軍于纂誌

北魏·鄭長猷造像
北魏·鄭道忠誌
北魏·趙光誌
北魏·鄭胡誌
北魏·趙充華誌
北魏·鄭羲上碑之三
北魏·鄭羲上碑之四
北魏·鄭羲下碑
北魏·仲練妻蔡氏等造像
北魏·諮議參軍元弼誌
北魏·元璪誌銘
北魏·元倪誌
北魏·鄭黑誌
北魏·張宜誌
北魏·中明壇題字
北魏·張寧誌蓋
北魏·張神洛買田券
北魏·張石生造像
北魏·張相造像
北魏·張玄誌
北魏·趙廣者誌
北魏·張宜世子誌
北魏·張孃誌
北魏·張元祖妻一弗題記
北魏·張整誌
北魏·張正子父母鎮石
北魏·昭玄法師誌
北魏·趙□造像
北魏·趙阿歡造像
北魏·趙超宗誌
北魏·張宜世子妻誌
北魏·元天穆誌
北魏·元順誌
北魏·元欽誌
北魏·元嵩誌
北魏·元肅誌
北魏·元譚妻司馬氏誌
北魏·元譚誌
北魏·元熙誌
北魏·元悌誌蓋
北魏·元壽妃麴氏誌
北魏·元天穆誌蓋

北魏·元珽誌	北魏·元詳造像
北魏·元珽誌蓋	北魏·元仙誌
北魏·元維誌	北魏·元顯俊誌
北魏·元暐誌	北魏·元曄誌
北魏·元文誌	北魏·元顯魏誌
北魏·元悌誌	北魏·元演誌
北魏·元融誌	北魏·元詳誌
北魏·周存妻造像	北魏·元颺誌
北魏·元平誌	北魏·元燮造像
北魏·元寧誌	北魏·元偃誌
北魏·元悛誌	北魏·元廞誌
北魏·元詮誌	北魏·元信誌
北魏·元愨誌	北魏·元秀誌
北魏·元祐誌	北魏·元瑱誌
北魏·元融妃穆氏誌	北魏·元緒誌
北魏·元淑誌	北魏·元延明誌
北魏·元睿誌	北魏·元新成妃李氏誌
北魏·元尚之誌	北魏·元顯俊誌蓋
北魏·元邵誌	東魏·妻李豔華誌
北魏·元始和誌	東魏·凝禪寺浮圖碑
北魏·元壽安誌	東魏·南宗和尚塔銘
北魏·元壽安誌蓋	東魏·穆子巖誌銘
北魏·元思誌	東魏·馬都愛造像
北魏·元榮宗誌	東魏·呂貺誌
北魏·元懌誌	東魏·閭叱地連誌蓋
北魏·元讞誌	東魏·閭叱地連誌
北魏·元颺妻王氏誌	東魏·盧貴蘭誌
北魏·元颺誌	東魏·六十人等造像
北魏·元遙妻梁氏誌	東魏·劉幼妃誌
北魏·元隱誌	東魏·齊仵龍造像
北魏·元液誌	東魏·陸順華誌
北魏·元彥誌	東魏·司馬韶及妻侯氏誌
北魏·元乂誌	東魏·苑貴妻造像
北魏·元遙誌	東魏·田鸞磚
北魏·元惜誌	東魏·曇陵造像
北魏·元引誌	東魏·曇朗造像
北魏·元襲誌	東魏·嵩陽寺碑
北魏·元祐造像	東魏·四十九人造像
北魏·元爽誌	東魏·唐小虎造像
北魏·元宥誌	東魏·司馬昇志
北魏·元英誌	東魏·檻仟造像
北魏·元彝誌	東魏·叔孫固誌

東魏·僧敬等造像
東魏·僧道造像
東魏·僧崇等造像
東魏·榮遷造像
東魏·戎愛洛等造像
東魏·任神奴造像
東魏·司馬興龍誌
東魏·廣陽元湛誌
東魏·高盛碑額
東魏·惠朗造像
東魏·惠究道通造像
東魏·惠好惠藏造像
東魏·胡佰樂玉枕銘記
東魏·侯海誌蓋
東魏·淨智塔銘
東魏·廣陽元湛誌蓋
東魏·李次明造像
東魏·公孫略誌
東魏·高湛誌
東魏·高盛墓碑
東魏·王方略造塔
東魏·高盛碑
東魏·元季聰誌蓋
東魏·高歸彥造像
東魏·侯海誌
東魏·李憲誌
東魏·劉天恩造像
東魏·劉騰造像
東魏·劉雙周造塔記
東魏·劉目連造像
東魏·劉靜憐誌
東魏·廉富等造義井頌
東魏·慧光誌
東魏·李玄誌蓋
東魏·劉懿誌
東魏·李顯族造像碑
東魏·李顯族造像
東魏·李希宗誌蓋
東魏·李希宗誌
東魏·李挺誌
東魏·李祈年誌
東魏·李夫人誌

東魏·廉富等造像側
東魏·員光造像
東魏·元晬誌
東魏·趙胡仁誌
東魏·張玉憐誌
東魏·張僧安造像
東魏·張滿誌蓋
東魏·張滿誌
東魏·趙匡等殘字
東魏·源磨耶壙志
東魏·趙年殘磚誌
東魏·元仲英誌
東魏·元鷟誌
東魏·元鷟妃公孫甗生誌
東魏·元湛妃王令媛誌
東魏·元延明妃馮氏誌
東魏·元光基誌蓋
東魏·張瓘誌
東魏·志朗造像
東魏·元玗誌
東魏·高翻碑額
東魏·祖氏誌蓋
東魏·宗欣誌蓋
東魏·宗欣誌
東魏·朱永隆等七十人造像銘
東魏·趙胡仁誌蓋
東魏·智顏竫勝造像
東魏·元均及妻杜氏誌
東魏·鄭氏誌
東魏·鄭君殘碑
東魏·趙振題字
東魏·趙氏妻姜氏誌
東魏·趙紹誌
東魏·趙秋唐吳造像
東魏·朱舍捨宅造寺記
東魏·王偃誌蓋
東魏·元顯誌
東魏·蕭正表誌蓋
東魏·蕭正表誌
東魏·咸會殘石
東魏·郗蓋族誌
東魏·吳叔悅造像

東魏·修孔子廟碑額
東魏·隗天念誌
東魏·徐府君妻李氏誌
東魏·王偃誌
東魏·王僧誌
東魏·王仁興造像
東魏·王令媛誌
東魏·王君誌
東魏·王惠略造像
東魏·吳郡王蕭正表誌
東魏·義橋石像碑
東魏·元季聰誌
東魏·元玗誌蓋
東魏·元誕誌蓋
東魏·元悰誌
東魏·元澄妃馮令華誌
東魏·元寶建誌
東魏·修孔子廟碑
東魏·義橋石像碑額
東魏·王蓋周造像
東魏·邑主造像訟
東魏·邑義五百餘人造像陽
東魏·楊顯叔造像
東魏·楊顯叔再造像
東魏·楊機誌
東魏·羊深妻崔元容誌
東魏·元阿耶誌
東魏·昌樂王元誕誌
東魏·元光基誌
東魏·高翻碑
東魏·□連阿妃磚銘
東魏·曹全造像
東魏·長孫悶碑
東魏·長孫悶碑額
東魏·成休祖造像
東魏·程哲碑
東魏·崔混誌
東魏·崔景播誌
東魏·崔令姿誌
東魏·崔令姿誌蓋
東魏·崔鶼誌
東魏·房悅誌

東魏·蔡儁斷碑
東魏·道寶碑記
東魏·封延之誌蓋
東魏·馮令華誌
東魏·房蘭和誌
東魏·范思彥記
東魏·杜文雅造像
東魏·邸珍碑額
東魏·道穎僧惠等造像
東魏·道穎等造像
東魏·道奝造像
東魏·道匠題記
東魏·封延之誌
西魏·吳輝誌蓋
西魏·鄧子詢誌
西魏·四十人造像
西魏·沙門璨銘
西魏·柳敬憐誌
西魏·介媚光造像
西魏·和照誌蓋
西魏·陳神姜造像
西魏·韋隆妻梁氏誌
西魏·杜魯清造像
西魏·杜照賢造像
西魏·和照誌
西魏·肇伏龍造像
西魏·辛莨誌
西魏·趙超宗妻誌
西魏·朱龍妻任氏誌
西魏·吳輝誌
西魏·法超造像
北齊·劉悅誌
北齊·劉顏淵造像
北齊·盧脩娥誌蓋
北齊·李祖牧誌
北齊·馬天祥造像
北齊·閆炫誌
北齊·路衆及妻誌
北齊·魯彥昌造像
北齊·閆炫誌蓋
北齊·魯思明造像
北齊·劉悅誌蓋

附錄五：本書所涉文獻目錄

北齊·盧脩娥誌	北齊·王惠顯造像
北齊·鏤石班經記	北齊·宋買等造像
北齊·婁叡誌蓋	北齊·王馬造像
北齊·婁叡誌	北齊·宋靈媛誌
北齊·婁黑女誌	北齊·王鴨臉造像
北齊·隴東王感孝頌	北齊·王有存妻造像
北齊·魯思榮造像	北齊·王子椿摩崖
北齊·僧通等造像	北齊·維摩經碑
北齊·李德元誌	北齊·尉孃孃誌蓋
北齊·李君穎誌	北齊·魏懿誌
北齊·李買造像	北齊·文殊般若經
北齊·李難勝誌	北齊·吳洛族造像
北齊·李難勝誌蓋	北齊·吳遷誌
北齊·李清造報德像碑	北齊·吳紹貴造像
北齊·李希禮誌蓋	北齊·無常偈出涅槃經
北齊·李雲誌	北齊·無量義經二
北齊·李雲誌蓋	北齊·王憐妻趙氏誌
北齊·梁迦耶誌	北齊·僧澄造玉像
北齊·李稚暈造像	北齊·莫陳洞室碑
北齊·劉忻誌	北齊·南子胤造像
北齊·李祖牧誌蓋	北齊·牛景悅造石浮圖記
北齊·孟阿妃造像	北齊·牛永福造像
北齊·梁迦耶誌蓋	北齊·歐伯羅造像
北齊·梁子彥誌	北齊·潘景暉造像
北齊·令狐氏等造像	北齊·裴良誌
北齊·劉碑造像	北齊·裴良誌蓋
北齊·劉貴等造像	北齊·裴子誕誌
北齊·劉洪徽誌蓋	北齊·乞伏保達誌
北齊·劉僧信造像	北齊·乞伏保達誌蓋
北齊·劉雙仁誌	北齊·宋始興造像
北齊·李稚廉誌	北齊·僧安道一碑額
北齊·王幸造像	北齊·明姬誌
北齊·僧道建造象	北齊·李(日冈)泙造像
北齊·孫靜造像	北齊·僧靜明等造像碑
北齊·孫昕造像	北齊·惠遠造像
北齊·唐邕刻經記	北齊·僧瓾造像
北齊·堂瓾造像	北齊·嶀山摩崖
北齊·天柱山銘	北齊·石夆門銘
北齊·吐谷渾靜媚誌	北齊·石佛寺迦葉經碑
北齊·吐谷渾靜媚誌蓋	北齊·石信誌
北齊·王福芝造像	北齊·石柱頌
北齊·王貴姜等造像	北齊·是連公妻誌

北齊·司馬遵業誌
北齊·宋敬業造塔
北齊·三十五佛名經
北齊·寶泰誌
北齊·道建造像
北齊·道明誌
北齊·道榮造像
北齊·道勝造像
北齊·道俗邑人造像
北齊·等慈寺殘塔銘
北齊·狄湛誌
北齊·狄湛誌蓋
北齊·邸明玉造像
北齊·刁翔誌
北齊·董洪達造像
北齊·傅醜傅聖頭造像
北齊·董淵造像
北齊·崔幼妃誌
北齊·獨孤思男誌
北齊·爾朱元靜誌
北齊·法藏殘造像
北齊·法洪銘贊
北齊·法勳塔銘
北齊·法暈造像
北齊·范粹誌
北齊·房周陁誌
北齊·封子繪誌蓋
北齊·逢遷造像
北齊·逢哲誌
北齊·慧承造像
北齊·董桃樹造像
北齊·成犢生造像
北齊·□道明誌
北齊·□德造像
北齊·□弘誌
北齊·□忝□揩誌
北齊·八十人等造像
北齊·報德像碑
北齊·暴誕誌
北齊·暴誕誌蓋
北齊·畢文造像
北齊·殘塔銘

北齊·曹臺造像
北齊·柴季蘭造像
北齊·道常等造像
北齊·暢洛生造像
北齊·道□造像
北齊·成天順造像
北齊·褚道澄造像
北齊·淳于元皓造像
北齊·崔昂誌
北齊·崔昂誌蓋
北齊·崔博誌
北齊·崔德誌
北齊·崔芬誌
北齊·崔棠夫妻造像
北齊·崔頠誌
北齊·崔宣華誌
北齊·傅華誌
北齊·常文貴誌
北齊·慧果造像
北齊·賀拔昌誌
北齊·赫連子悅誌
北齊·赫連子悅誌蓋
北齊·斛律氏誌
北齊·斛律氏誌蓋
北齊·斛律昭男誌
北齊·斛律昭男誌蓋
北齊·扈歲銘磚
北齊·皇甫豔誌
北齊·惠藏靜光造像
北齊·義慈惠石柱頌
北齊·夫子廟碑額
北齊·五十人造像
北齊·韓永義造像
北齊·賈蘭業兄弟造像
北齊·賈乾德造像
北齊·賈致和造像
北齊·姜興紹造像
北齊·姜纂造像
北齊·靜明等造像
北齊·雋敬碑
北齊·雋敬碑
北齊·開化寺邑義造像

附錄五：本書所涉文獻目錄

北齊·庫狄迴洛誌
北齊·庫狄迴洛誌蓋
北齊·庫狄業誌
北齊·惠衆造像
北齊·高潤誌蓋
北齊·傅華誌蓋
北齊·感孝頌
北齊·高阿難誌
北齊·高阿難誌蓋
北齊·高百年誌
北齊·高百年誌蓋
北齊·高次造像
北齊·高建妻王氏誌
北齊·高建妻王氏誌蓋
北齊·高建誌蓋
北齊·高叡修定國寺碑
北齊·高叡修定國寺碑額
北齊·和紹隆誌蓋
北齊·高潤誌
北齊·和紹隆誌
北齊·高僧護誌
北齊·高肅碑
北齊·高顯國妃敬氏誌
北齊·高淯誌
北齊·高澶誌
北齊·鞏舍等造像
北齊·鼓山佛經刻石
北齊·郭顯邕造經記
北齊·韓山剛造像
北齊·韓裔誌
北齊·韓裔誌蓋
北齊·庫狄業誌蓋
北齊·高叡造像三段
北齊·張康張雙造像
北齊·張海翼誌
北齊·張思文造像
北齊·張思伯造浮圖記
北齊·張世寶造塔記
北齊·張氏郝造像
北齊·張僧顯銘聞
北齊·張起誌
北齊·張忻誌蓋

北齊·張龍伯兄弟造像
北齊·張子昂造像
北齊·張景林造像
北齊·張景暉造像
北齊·張潔誌蓋
北齊·張潔誌
北齊·張胡仁記磚
北齊·張洪慶等造像
北齊·張海翼誌蓋
北齊·張猛之妻周氏造像
北齊·鄭暈業造像
北齊·邑義七十人造像
北齊·武成胡后造像
北齊·朱曇思等造塔記
北齊·智念等造像
北齊·智靜造像
北齊·智妃造像
北齊·智度等造像
北齊·張忻誌
北齊·鄭子尚誌
北齊·朱氏邑人等造像
北齊·鄭述祖重登雲峰山記
北齊·鄭始容誌
北齊·鄭豊姒磚
北齊·趙徵興誌
北齊·趙桃椒妻劉氏造像
北齊·趙郡王高叡修定國寺頌
北齊·趙熾誌
北齊·鄭子尚誌蓋
北齊·徐之才誌蓋
北齊·邑義等造靈塔記
北齊·堯峻誌蓋
北齊·堯峻誌
北齊·姚景等造像
北齊·楊廣濟造像
北齊·嚴□順兄弟造像
北齊·謝思祖夫妻造像
北齊·邑義造像碑
北齊·張歸生造像
北齊·薛懷雋誌
北齊·徐之才誌
北齊·徐顯秀誌蓋

6969

附錄五：本書所涉文獻目錄

北齊·徐顯秀誌
北齊·邢多等造像
北齊·西門豹祠堂碑額
北齊·西門豹祠堂碑
北齊·諸維那等四十人造像
北齊·薛廣誌蓋
北齊·造阿閦像記
北齊·張道貴誌
北齊·許儁卅人造像
北齊·翟煞鬼記
北齊·殷恭安等造像
北齊·曇禪師等造像
北齊·雲榮誌蓋
北齊·雲榮誌
北齊·袁月璣誌
北齊·員度門徒等造像
北齊·宇文誠誌
北齊·元子邃誌
北齊·游達摩造像
北齊·元洪敬誌
北齊·元華誌
北齊·元始宗誌
北齊·元始宗誌蓋
北齊·元賢誌
北齊·優婆姨等造像
北周·任延智造像
北周·田弘誌
北周·僧和造像
北周·日月佛經摩崖
北周·如是我聞摩崖
北周·若干雲誌
北周·若干雲誌蓋
北周·僧妙等造像
北周·邵道生造像
北周·神通之力摩崖
北周·拓跋虎誌蓋
北周·曇樂造像
北周·田元族造像
北周·拓跋虎誌
北周·拓跋育誌
北周·時珍誌
北周·李元海造像

北周·寇胤哲誌
北周·楊濟誌
北周·寇胤哲誌蓋
北周·李綸誌
北周·李綸誌蓋
北周·李明顯造像
北周·李賢誌
北周·李府君妻祖氏誌
北周·李雄誌
北周·祁令和造像
北周·梁嗣鼎誌
北周·劉敬愛造像
北周·盧蘭誌
北周·盧蘭誌蓋
北周·馬龜誌
北周·匹婁歡誌
北周·匹婁歡誌蓋
北周·李賢誌蓋
北周·趙富洛等造像
北周·須蜜多誌蓋
北周·宇文瓘誌蓋
北周·宇文儉誌
北周·宇文儉誌蓋
北周·宇文恪造龍華浮圖銘
北周·張僧妙法師碑
北周·乙弗紹誌
北周·掌恭敬佛經摩崖
北周·楊連熙造像
北周·鄭術誌
北周·鄭術誌蓋
北周·種字摩崖
北周·衆皆摩崖
北周·諸菩薩摩崖
北周·寇嶠妻誌蓋
北周·安伽誌
北周·張子開造像
北周·尉遲將男誌
北周·王德衡誌蓋
北周·王鈞誌
北周·王鈞誌蓋
北周·王榮及妻劉氏誌
北周·王榮及妻誌

附錄五：本書所涉文獻目錄

北周·王仕恭誌
北周·宇文瓘誌
北周·韋彪誌
北周·王德衡誌
北周·尉遲將男誌蓋
北周·尉遲運誌
北周·尉遲運誌蓋
北周·現皆是摩崖
北周·辛洪略造像
北周·須蜜多誌
北周·薛迴顯造像
北周·王通誌
北周·崔宣默誌蓋
北周·杜世敬造像
北周·獨孤信誌
北周·獨孤渾貞誌
北周·豆盧恩碑
北周·董榮暉誌蓋
北周·董榮暉誌
北周·董道生造像
北周·二種無我摩崖
北周·大比丘佛經摩崖
北周·叱羅協誌
北周·崔宣默誌
北周·崔宣靖誌蓋
北周·崔宣靖誌
北周·叱羅協誌蓋
北周·寇嶠妻誌
北周·陳歲造像
北周·百字摩崖
北周·單英儒誌
北周·華岳廟碑額
北周·安伽誌蓋
北周·寇熾誌
北周·康業誌
北周·菌香樹摩崖
北周·法襲造像
北周·惠暉摩崖
北周·華岳廟碑
北周·侯遠誌
北周·高妙儀誌蓋
北周·輔蘭德等造像

北周·九字摩崖
北周·高妙儀誌
北周·賀屯植誌
北周·高樹等造像
北周·觀世音像題記
北周·郭賢造象
北周·賀蘭祥誌
北周·賀蘭祥誌蓋
南朝宋·義明塔記
南朝宋·陳又之造像
南朝宋·爨龍顏碑
南朝宋·湖城縣界石
南朝宋·景熙買地券
南朝宋·劉懷民誌
南朝宋·□熊造像
南朝宋·明曇憘誌
南朝宋·石颿銘
南朝宋·宋乞誌
南朝宋·王佛女買地券
南朝宋·玄宮石碣
南朝宋·謝琉誌
南朝齊·釋玄嵩造像
南朝齊·劉岱誌
南朝齊·劉覬買地券
南朝齊·呂超誌
南朝齊·秦僧猛買地券
南朝梁·喬進臣買地券
南朝梁·張元造像
南朝梁·瘞鶴銘
南朝梁·益州過軍記
南朝梁·蕭融誌
南朝梁·王世成造象
南朝梁·宋念造像
南朝梁·康勝造像
南朝梁·舊館壇碑
南朝梁·晃藏造像
南朝梁·杜僧逸造像
南朝梁·程虔誌
南朝梁·□宣造像
南朝梁·□愛秦造像
南朝梁·王慕韶誌

6971